***ACCESO GRATIS** a la Lectura en la Nube*

Para visualizar el libro electrónico en la nube de lectura envíe junto a su nombre y apellidos una fotografía del código de barras situado en la contraportada del libro y otra del ticket de compra a la dirección:

ebooktirant@tirant.com

En un máximo de 72 horas laborales le enviaremos el código de acceso con sus instrucciones.

EL NOTARIO COMO MEDIADOR

EL NOTARIO COMO MEDIADOR

Carlos Correa Rojo

tirant lo blanch
México, 2024

En caso de erratas y actualizaciones, la Editorial Tirant lo Blanch publicará la pertinente corrección en la página web www.tirant.com/mex/.

Este libro será publicado y distribuido internacionalmente en todos los paises donde la Editorial Tirant lo Blanch esté presente.

© TIRANT LO BLANCH
DISTRIBUYE: TIRANT LO BLANCH
Av. Tamaulipas 150, Oficina 502
Hipódromo, Cuauhtémoc, CP 06100, Ciudad de México
Telf: +52 1 55 65502317
infomex@tirant.com
www.tirant.com/mex/
www.tirant.es
ISBN: 978-84-1071-669-8
ISBN Colegio de Notarios de la Ciudad de México: 978-607-7873-61-7

Si tiene alguna queja o sugerencia, envíenos un mail a: *atencioncliente@tirant.com*. En caso de no ser atendida su sugerencia, por favor, lea en *www.tirant.net/index.php/empresa/politicas-de-empresa* nuestro procedimiento de quejas.

Responsabilidad Social Corporativa: http://www.tirant.net/Docs/RSCTirant.pdf

Índice

Advertencia

El presente trabajo es el resultado de la investigación para obtener el grado de especialista en Medios Alternos de Solución de Conflictos, el que cursé en la Facultad de Derecho de la UNAM.

El doctor Jorge Fernández Ruiz fue mi revisor, y en charlas que tuvimos con respecto a este trabajo me sugirió, como un ejemplo claro de solución de conflictos, que el notario puede intervenir como mediador en un divorcio administrativo, enmarcado en la institución de *jurisdicción voluntaria.*

Cumplido el propósito académico, mi maestro, don Jorge Fernández Ruiz, igualmente me sugirió que el trabajo fuese publicado. Lo entregué para su edición a la casa editora, y antes de concluir el proceso se publicó el Código Nacional de Procedimientos Civiles y Familiares (CNPCyF), en el Diario Oficial de la Federación (DOF), el miércoles 7 de junio de 2023. A partir de esa fecha regula el divorcio y lo denomina *divorcio bilateral* (libro cuarto, capítulo II, de los artículos 654 al 662).

Por su parte, el artículo 661 regula el divorcio ante notario y establece:

> Artículo 661. El Divorcio Bilateral podrá tramitarse ante Notaria o Notario público, siempre y cuando no se hayan procreado hijas o hijos, o que aun sean menores de edad y no existan bienes o deudas atribuibles al patrimonio conyugal, o el Código Civil o leyes de cada Entidad Federativa así lo dispongan.

Razón por lo que fue necesario girar la instrucción "¡Que paren las imprentas!". En consecuencia, la propuesta del divorcio administrativo ante el notario se vio superada, de modo que decidimos dividir el trabajo; es decir, el tema original: "El notario como mediador", y uno nuevo: "El divorcio ante notario", con las sugerencias de proponer la armonización de los temas en diferentes ordenamientos jurídicos, principalmente en la Ley del Notariado para la Ciudad de México.

Ambas instituciones tienen en común, entre otras, la jurisdicción voluntaria y la voluntad, razón por la que en ambos trabajos hemos utilizado textos y bibliografía en común, apreciamos su comprensión. En las dos propuestas nos referimos a la mediación y al divorcio ante notario, con la única intención de armonizar, sobre todo, la ley notarial.

Con mis atentas consideraciones.

Carlos Correa Rojo

Introducción

El propósito de este trabajo es colaborar en la justificación de por qué el notario de la Ciudad de México está legitimado para actuar como mediador legal desde el año 2000. De manera textual, la Ley del Notariado —en ese entonces del Distrito Federal— publicada en la Gaceta Oficial del Distrito Federal el 28 de marzo del 2000, en su artículo 33, consignaba:

> El notario sí podrá: [...]
> Fracción VII.- Ser mediador jurídico;
> Fracción VIII.- Ser mediador o conciliador;

Igualmente, al Colegio de Notarios del entonces Distrito Federal, la propia ley lo habilitaba como "mediador institucional".

En la actual Ley del Notariado para la Ciudad de México (en adelante Ley del Notariado CDMX), publicada en la Gaceta Oficial de la Ciudad de México, el día 11 de junio de 2018, se reitera lo anterior, por lo que consideramos que el propio legislador está convencido del papel que el notario puede desempeñar como mediador. La reiteración de su carácter de mediador lo regula, a la fecha de este trabajo, el artículo 34, que dice:

> Artículo 34. El Notario sí podrá:
> [...]
> VII. Ser mediador jurídico;
> VIII. Ser mediador o conciliador;

Con respecto al Colegio de Notarios, la ley ordena lo mismo que hemos descrito, pero ahora en el artículo 260:

> Artículo 260. El Colegio coadyuvará al ordenado y adecuado ejercicio de la función notarial, para lo cual tendrá las facultades y atribuciones siguientes:
> [...]
> XXV. Intervenir como mediador y conciliador, sobre la actividad de los agremiados, en caso de conflictos de éstos con terceros y rendir opinión a las autoridades competentes;

> XXVI. Actuar como administrador de arbitraje, árbitro, conciliador y mediador para la solución de controversias entre particulares; para tal efecto podrá designar, de entre sus agremiados, a quienes realicen tales funciones.

Para tal objetivo se hará la revisión de diversas disposiciones legales, a saber: la Constitución Política de la Ciudad de México, el Código Civil para el Distrito Federal y la Ley del Notariado para la Ciudad de México, del año 2018.

Transcripciones de las disposiciones legales y de obras consultadas figuran en los diversos capítulos, muchas de ellas aparecen relacionadas de manera progresiva. Se analizarán asimismo los principios rectores de la mediación: voluntariedad, confidencialidad, neutralidad, imparcialidad, equidad y legalidad, entre otros.

Con el objeto de profundizar en estos principios rectores, analizaremos con especial detenimiento algunos de ellos a la luz de las distintas leyes notariales del entonces Distrito Federal hoy Ciudad de México, que se refieren a los citados principios; asimismo, destacaremos la voluntad y la celebración de convenios.

Respecto de estos dos elementos comunes haremos un análisis de ellos en la propia Constitución Política, en el Código Civil y en la Ley del Notariado; todos estos, ordenamientos de la Ciudad de México.

Estudiaremos la intervención del notario como mediador en la solución de controversias. De lo anterior derivaremos las conclusiones de esta investigación académica que serán fundamento de nuestras propuestas de reformas y adiciones a la normatividad vigente. Haremos dichas propuestas y adiciones de diversas disposiciones legales para cumplir con nuestro objetivo, y buscaremos dar sustento a la implementación del siguiente mecanismo: que el notario se presente ante el Centro de Justicia del Tribunal Superior de Justicia de esta Ciudad de México para solicitar su registro como mediador legal; dicho

Centro deberá otorgar la certificación y registro a que se refiere la Ley de Justicia Alternativa, con la presentación de la patente de notario que le otorga el gobierno de la hoy Ciudad de México, y que lo habilita para ejercer la función pública del notariado.

Empecemos por recordar los textos del artículo 1.° en las distintas leyes del notariado.

- Ley del Notariado 2000: "El objeto de esta Ley es regular, con carácter de orden e interés público y social, la función notarial y al notariado en el Distrito Federal."
- Ley del Notariado 2018: "La presente Ley es de orden e interés público y tiene por objeto regular la función Notarial y al Notariado en la Ciudad de México".

Téngase presente que cuando las leyes son de orden e interés público son irrenunciables.

El doctor Jorge Alfredo Domínguez Martínez, en la obra *Cien años de derecho civil en México 1910-2010*, en su artículo "Orden público y autonomía de la voluntad", nos dice:

Concepto de Orden Público. Por orden público entendemos el conjunto de principios, normas y disposiciones legales en que se apoya el régimen jurídico para preservar los bienes y valores que requieren de su tutela, por corresponder éstos a los intereses generales de la sociedad, mediante la limitación de la autonomía de la voluntad, y hacer así prevalecer dichos intereses sobre los de los particulares.[1]

---

1 Jorge Alfredo Domínguez Martínez, "Orden público y autonomía de la voluntad" en *Cien años de Derecho Civil en México 1910-2010. Conferencias en homenaje a la Universidad Nacional Autónoma de México,* coord. José Antonio Sánchez Barroso (México: Colegio de Profesores de Derecho Civil, Facultad de Derecho-UNAM, 2011), 38.

CAPÍTULO PRIMERO

LA CONSTITUCIÓN POLÍTICA DE LA CIUDAD DE MÉXICO

Nos permitimos recordar que previo a la Constitución Política de la Ciudad de México han regido las de 1814, 1824, 1836 y 1917.

La primera se emitió bajo el nombre de *Decreto constitucional para la libertad de la América* Mexicana*, sancionada en Apatzingán el 22 de octubre de 1814*—año quinto de la independencia mexicana— también conocida como Constitución de Apatzingán.

Transcribiremos las provincias que conformaron el país en la de 1814, y haremos un breve planteamiento respecto de la Constitución de 1824, en la cual se discutió dónde debían residir los poderes de la nación. En la de 1836 se suprimieron los estados y el Distrito Federal, y se dividió el territorio nacional en departamentos, sin hacer mención de la Ciudad de México. La declaración, en la de 1917, respecto de la Ciudad de México, fijó su territorio; y en la de 2017 se emitió el decreto promulgatorio y la exposición de motivos de la misma.

La Constitución Política de la Ciudad de México (en adelante Constitución de la CDMX) fue publicada en la Gaceta Oficial, el 5 de febrero de 2017, y entró en vigor el 17 de septiembre de 2018. En el ámbito notarial, y respecto de los medios alternativos de solución de controversias, dispone lo siguiente:

TÍTULO SEGUNDO
Carta de Derechos
CAPÍTULO II
De los Derechos Humanos

Artículo 6
Ciudad de libertades y derechos.

[...]
C. Derecho a la identidad y a la seguridad jurídica.
[...]
3. Toda persona tiene derecho al servicio notarial, y a la inscripción registral de bienes y actos jurídicos de forma accesible y asequible.
[...]
Artículo 10
Ciudad productiva
[...]

TÍTULO QUINTO
De la distribución del poder
CAPÍTULO II
De la Función Ejecutiva

Artículo 32
De la Jefatura de Gobierno
[...]
C. De las Competencias
1. La persona titular de la Jefatura de Gobierno tiene las siguientes competencias:
[...]
l. Expedir las patentes de Notario para el ejercicio de la función notarial en favor de las personas que resulten triunfadoras en el examen público de oposición correspondiente y acrediten los demás requisitos que al efecto establezca la ley de la materia, misma que invariablemente será desempeñada por profesionales del Derecho independientes económica y jerárquicamente del poder público;
[...]

CAPÍTULO III
De la función judicial

Artículo 35
Del Poder Judicial
[...]
C. Facultades y atribuciones del Tribunal Superior de Justicia
El Tribunal Superior de Justicia de la Ciudad de México tendrá las siguientes funciones:
[...]
D. Medios alternativos de solución de controversias
1. El sistema integral de justicia de la Ciudad de México privilegiará los medios alternativos de solución de controversias.

> Para garantizar el acceso a estos medios se establecerá el Centro de Justicia Alternativa.
> 2. El Centro de Justicia Alternativa será un órgano desconcentrado del Tribunal Superior de Justicia de la Ciudad de México con plena autonomía técnica, operativa, presupuestaria y de decisión; su titular será nombrado por el Consejo de la Judicatura de conformidad con lo previsto por la ley orgánica y durará seis años en su cargo, sin posibilidad de reelección.
> 3. El Centro de Justicia Alternativa tendrá las siguientes facultades:
> a. Facilitar la mediación como mecanismo de solución de controversias civiles, mercantiles, familiares, penales cuando se trate de delitos no graves y de justicia para adolescentes;
> b. Mediar en controversias vinculadas con el régimen de condominios;
> c. Coordinar con las instancias de acción comunitaria establecidas por la ley para la mediación y resolución de conflictos vecinales, comunitarios, de barrios y pueblos; y
> d. Las demás que prevea la ley.

Consideramos que la Constitución de la CDMX debe reconocer al notario como mediador y coadyuvante en la solución de conflictos para descongestionar los asuntos que se plantean ante el centro de mediación del Tribunal Superior de Justicia, hoy nuestro Poder Judicial.

Respecto del artículo 6.°, inciso c, numeral 3 constitucional (servicio notarial), la Ley del Notariado de la CDMX, en su artículo 3.°, dice:

> En la Ciudad de México corresponde al Notariado el ejercicio de la función Notarial, de conformidad con el Artículo 122 de la Constitución y al Artículo 6 de la Constitución de la Ciudad, a través de la reserva y determinación de facultades del Congreso y es tarea de éste regularla y efectuar sobre ella una supervisión legislativa por medio de su Comisión Registral y Notarial.
> El Notariado como garantía institucional consiste en un tipo de ejercicio profesional del Derecho y establece las condiciones necesarias para su correcto ejercicio imparcial, calificado, colegiado y libre.

> Su imparcialidad y probidad debe extenderse a todos los actos en los que intervenga de acuerdo con ésta y con otras leyes.

Por lo que consideramos que el numeral 3 del artículo 6.º de la Constitución de la CDMX, debiera decir: "3. Toda persona tiene derecho al servicio notarial, por conducto del Notario el cual actuará de acuerdo con las facultades y obligaciones de la Ley que lo rigen y a la inscripción registral de bienes y actos jurídicos de forma accesible y asequible".

Respecto del artículo 32 de la Constitución de la CDMX, apartado C-1, inciso l), relativo a la expedición de patentes de notario, la Ley del Notariado CDMX, en sus artículos 4.º, 60, 62, 63 y siguientes, regula de manera puntual el tema citado, por lo que la Ley del Notariado cumple cabalmente con lo dictado por la Constitución de la CDMX.

El artículo 35, apartado D-1, de la Constitución de la CDMX, que se refiere a los medios alternativos de solución de controversias, señala que el sistema integral de justicia de la Ciudad de México privilegiará los medios alternativos de solución de controversias. Al respecto nos permitimos comentar que en relación a lo que se denomina *sistema integral de justicia* hemos sostenido lo que la Ley del Notariado para el Distrito Federal del 2000 señalaba en el artículo 47:

> Artículo 47.- La carrera notarial es el sistema que organiza los estudios e investigación de las diversas disciplinas jurídicas dirigidos al mejor desempeño de la función notarial y para la difusión y puesta en práctica de sus principios y valores ético-jurídicos en beneficio de la ciudad.

Hemos tratado de explicar el concepto *sistema*[2] el cual tiene muchos significados; entre otros, los siguientes:

---

2 Carlos Correa Rojo, *Evolución del notariado,* t. IV, 1.ª ed (México: Colofón, 2014), 223-224.

Sistema es un todo organizado y complejo; es un conjunto o combinación de cosas o partes que forman un todo complejo o unitario. Todo sistema tiene uno o algunos propósitos. Los elementos (u objetos), así como las relaciones del sistema, se ajustan en una distribución que trata siempre de alcanzar su objetivo.

Su estructura es óptima cuando el conjunto de elementos del sistema se organiza, aproximándose a una operación adaptativa, entendiendo adaptabilidad como un continuo proceso de aprendizaje y de autoorganización.

Sistema: Conjunto ordenado de reglas o principios, dotado de coherencia. Conjunto de cosas que relacionadas entre sí y contribuyen a un mismo objetivo. Manera de hacer algo.

Thomas Hobbes describe el sistema de la siguiente manera:

> Entiendo por SISTEMAS un número de hombres unidos por un interés o un negocio".[3] De estos sistemas Hobbes diferencia los *absolutos e independientes,* es decir no están sujetos a ningún otro, formando los Estados. Y los *dependientes* dice de estos; "los subordinados a algún poder soberano al que cada uno de sus elementos está sujeto, incluso quien los representa.[4]

Con lo anterior concluimos que el notariado está ligado a ser un coadyuvante en la solución de controversias (auxiliar de la administración de justicia), ya que es un sistema integral: sello, protocolo, firma, acta, escritura; todos los elementos que sirven para desarrollar adecuadamente el notariado, el cual es intemporal. La Institución es un pilar fundamental en la paz jurídica y el desarrollo económico de la Ciudad de México.

---

3 Thomas Hobbes, *Leviatán, o la materia, forma y poder de una república eclesiástica y civil,* 3.ª ed. (México: Fondo de Cultura Económica, 2017), 182.

4 Hobbes, *Leviatán.* 182.

Ahora adicionamos nuestra descripción respecto del *sistema integral*, por lo que se refiere a la mediación y a participar con todos los elementos a su alcance: módulos de mediación; mediados; etapas de la mediación; orientación a los mediados; conducir la mediación con flexibilidad, estimulando la creatividad para construir acuerdos; firma de convenios; notarios; mediadores y demás elementos que permitan el desarrollo adecuado del tema que nos ocupa.

Continuamos con nuestro análisis del artículo 35 constitucional, inciso D, numerales 2 y 3, que dicen:

> D. Medios alternativos de solución de controversias
> [...]
> 2. El Centro de Justicia Alternativa será un órgano desconcentrado del Tribunal Superior de Justicia de la Ciudad de México con plena autonomía técnica, operativa, presupuestaria y de decisión: [...]
> 3. El Centro de Justicia Alternativa tendrá las siguientes facultades:
> a) Facilitar la mediación como mecanismo de solución de controversias civiles, mercantiles, familiares, penales cuando se trate de delitos no graves y de justicia para adolescentes;
> b) Mediar en controversias vinculadas con el régimen de condominios;
> [...]

Existe un reconocimiento en el sentido de que los órganos jurisdiccionales sólo deben intervenir, por regla general, para componer coactivamente los conflictos que los interesados no puedan o no quieran resolver voluntariamente. La función de estos órganos sólo se explica y justifica dentro de los límites en que es necesario que el Estado realice su misión pacificadora entre las partes.

ÓRGANO

Del lat. *orgănum*, y este del gr. *ὄργανον* órganon.

Anatómicamente: Cada una de las partes del cuerpo animal o vegetal que ejercen una función, relacionado con el todo corporal. Como vemos, tiene un origen biológico.

En derecho: órgano jurisdiccional. Cada uno de los jueces y tribunales que componen el poder judicial.

Persona o conjunto de personas que actúan en representación de una organización o persona jurídica en un ámbito de competencia determinado.

Elías Díaz García, en su libro *Teoría general del Estado de derecho*, describe lo siguiente: "[...] la ley, en este sentido, prevalecerá sobre todos los demás actos estatales, y sólo podrá ser modificada o anulada por otra ley formal que reúna también el requisito de haber sido creada por el órgano popular legislativo, que es la Asamblea Nacional.[5]

En su libro *Teoría pura del derecho,* Hans Kelsen dice: "La calidad estatal de una función la determinan los individuos que realizan tal función en su carácter de órgano, por ejemplo, las escuelas, hospitales y ferrocarriles del Estado".[6]

En la misma obra, Kelsen dice: "También el Estado es una colectividad, es decir, una sociedad constituida por un orden normativo, que funciona con división del trabajo, estableciendo para ello órganos designados mediata o inmediatamente para desempeñar sus funciones".[7]

---

5 Elías Díaz García, "Teoría general del Estado de Derecho". *Dialnet. Revista de Estudios Políticos,* núm. 131 (1963), 25. https://dialnet.unirioja.es/servlet/articulo?codigo=2048229, https://www.google.com/search?client=safari&rls=en&q=Dialnet+teor%C3%ADa+general+del+estado+de+derecho-2048229(10).pdf++p%C3%A1gina+25&ie=UTF-8&oe=UTF-8 [consultada el 06/11/2019].

6 Hans Kelsen, *Teoría pura del derecho,* 2.ª reimp. (México: Instituto de Investigaciones Jurídicas-UNAM,1982), 271.

7 Kelsen, *Teoría,* 295.

Mi maestro, el doctor Andrés Serra Rojas, en su libro *Ciencia política*, dice lo siguiente:

> El Estado necesita, al igual que todas las asociaciones encaminadas a la consecución de sus fines, una serie de órganos que obren en su nombre y sustenten y ejecuten la voluntad colectiva. El concepto de órgano es un concepto metafórico; la palabra órgano está tomada del orden biológico que supone en el Estado una realidad orgánica viva, en sentido social el órgano, es una institución que sirve para alumbrar y mantener perene la voluntad del Estado; el Estado es una persona jurídica que no puede concebirse ni existir sin órganos que lo hagan funcionar. Un órgano es una esfera de competencia, una posibilidad jurídica.[8]

El maestro Miguel Acosta Romero, en su obra *Teoría general del derecho administrativo*, afirma:

> Los entes colectivos para expresar la voluntad social, necesitan tener órganos de representación y administración, que son los que ejercitan los derechos y obligaciones inherentes a aquéllos. Dichos órganos de representación y administración varían mucho en cuanto a su número, composición, estructura y facultades, por ejemplo, en el Estado soberano tradicionalmente son los poderes Legislativo, Ejecutivo, y Judicial; en el municipio es el ayuntamiento, y en los órganos descentralizados los consejos de administración, juntas directivas y el director general.[9]

Tanto en las relaciones entre las personas como en el ensanchamiento de la actividad social se observa una gran mutabilidad en las relaciones jurídicas, por lo que las disposiciones aplicables en diferentes momentos deberán adecuarse para que la sociedad en su conjunto tenga herramientas jurídicas con el fin de resolver cualquier controversia.

---

8 Andrés Serra Rojas. *Ciencia política*, 20.° ed. (México: Porrúa, 2018), 544.

9 Miguel Acosta Romero, *Teoría general del derecho administrativo*, 4.ª ed. (México: Porrúa, 1981), 45.

Creemos que la solución deberá ser adecuada y flexible, que permita que los mismos interesados —partes o terceros— puedan ampliar el campo del debate y obtener un procedimiento más ágil sin que esto implique que no exista seguridad jurídica en las fórmulas de solución de los asuntos planteados.

Consideramos que si se quiere hacer verdadera justicia, los órganos del Estado no deben actuar como acaparadores de la verdad; a nuestro juicio sería proceder anacrónicamente; el propio Estado debe reconocer que hay instituciones como el notariado de la Ciudad de México que han aportado su actuación de una forma clara y transparente, respetando invariablemente la letra de la ley, conociendo esta, asesorando, orientando e interpretando la voluntad de las partes; cristalizando su voluntad en un instrumento público.

Con base en lo anterior consideramos que las disposiciones legales, como la Constitución, deben permitir, como dice, privilegiar los medios alternativos de solución de controversias, y establece que será el Centro de Justicia Alternativa el que garantizará el acceso a los medios alternativos de solución, como si fuera la única opción que tiene la ciudadanía para ejercer este derecho humano a la paz jurídica.

Creemos, como lo señala la propia Ley del Notariado CDMX, que el notario como auxiliar en la administración de justicia tiene la capacidad de resolver conflictos que los interesados le planteen, respetando el principio de la uteralteridad; es decir, dar a cada quien lo que le corresponda.

El tema que nos ocupa trata sobre actuaciones donde las partes voluntariamente acuden al notario para resolver posibles controversias. Propondremos ampliar estas funciones de mediación como actos de jurisdicción voluntaria; igualmente, consideramos que el notariado, con los conocimientos jurídicos que le caracterizan y la experiencia adquirida en el ejercicio profesional de su actividad, resulta un elemento idóneo para resolver controversias, actuando como conciliador y mediador en términos de su propia ley. Al notario como mediador, habilitado por su propia ley, se le debe considerar como *mediador legal*. Este concepto lo entendemos como el poder o derecho que le concede la ley para poder llevar a cabo la facultad a que se refiere; es decir, actuar como intermediario para que pueda operar adecuadamente esta función pública. Nuestras futuras propuestas de reforma se harán respetando el derecho positivo vigente.

Por lo anterior proponemos la siguiente reforma al artículo 35 de nuestra Constitución de la CDMX:

> Artículo 35
> Del Poder Judicial [...]
> C. Facultades y atribuciones del Tribunal Superior de Justicia
> El Tribunal Superior de Justicia de la Ciudad de México tendrá las siguientes funciones:
> [...]
> D. Medios alternativos de solución de controversias
> 1. El sistema integral de justicia de la Ciudad de México privilegiará los medios alternativos de solución de controversias. Para garantizar el acceso a estos medios se establecerá el Centro de Justicia Alternativa.
> 2. Con el objeto, como lo señala el párrafo anterior, este Centro deberá incorporar a sus registros y emitir la certificación correspondiente a mediadores que deben ser profesionales, que se denominarán Mediadores Públicos o Privados, que deberán cumplir con los requisitos que establece la Ley de la materia.
> 3. A los Especialistas en Medios Alternos de Solución de Controversias y que tengan su cédula profesional que los acredite como tales, el Centro únicamente los incorporará a sus registros y les emitirá la certificación correspondiente.
> 4. Aquellos profesionistas que estén habilitados por la Ley que los regule para actuar como mediadores, a quienes se les denominará Mediadores Legales, el Centro únicamente los incorporará a sus registros y les emitirá la certificación correspondiente.

Consideramos que, con las anteriores propuestas, el notariado puede coadyuvar en la solución de controversias, según lo previenen los artículos 7, 11, 34, fracciones VII y VIII (que lo habilita como mediador), así como el artículo 44, cuarto párrafo, de la Ley del Notariado CDMX, que establecen:

> Artículo 7. Esta Ley establece como principios regulatorios e interpretativos de la función y documentación Notarial:
> I. El de la conservación jurídica de fondo y forma del instrumento Notarial y de su efecto adecuado;
> [...]
> III. El de la concepción del Notariado como garantía Institucional;
> IV. Estar al servicio del bien y la paz jurídicos de la Ciudad y del respeto y cumplimiento del Derecho;
> V. El ejercicio de la actividad Notarial, en la justa medida en que se requiera por los prestatarios del servicio, obrando con estricto apego a la legalidad aplicable al caso concreto, de manera imparcial, preventiva, voluntaria y auxiliar de la administración de justicia respecto de asuntos en que no haya contienda;
> El Notario debe prestar su función más allá del interés del solicitante del servicio Notarial, lo que implica cumplir sus procedimientos de asesoría y de conformación del instrumento Notarial, en estricto apego a la norma y de manera imparcial; debe aconsejar a cada una de las partes o solicitantes del servicio sin descuidar los intereses de la contraparte en reserva y secrecía, en lo justo del caso de que se trate; y
> VI. El del cuidado del carácter de orden público de la función y su documentación en virtud del otorgamiento de la cualidad para dar fe, por el Jefe de Gobierno, a su actividad como Notario por la expedición de la patente respectiva, previos exámenes que merezcan tal reconocimiento público y social por acreditar el saber prudencial y la práctica suficientes para dicha función, con la consecuente pertenencia al Colegio y la coadyuvancia de éste a las funciones disciplinarias de vigilancia y sanción por parte de las autoridades [...]
> [...]
> Artículo 11. Los Notarios son auxiliares en la administración de justicia. El Congreso, la Administración, el Tribunal y el Colegio coadyuvarán en el desempeño de esta función.
> [...]
> Artículo 34. El Notario sí podrá:
> [...]
> VII. Ser mediador jurídico;
> VIII. Ser mediador o conciliador;

[...]
Artículo 44. [...]
[...]
Actúa también como auxiliar de la administración de justicia, como consejero, árbitro o asesor internacional, en los términos que señalen las disposiciones legales relativas.

CAPÍTULO SEGUNDO

LA MEDIACIÓN

Para remontarse al origen de la mediación primero debemos ir al origen del hombre como ser social; consideramos que la mediación va aparejada con el conflicto, siendo la comunidad su lugar de nacimiento, y para que exista es necesaria la desavenencia de dos personas; la participación de un tercero que promueva la conciliación y el acuerdo entre aquellos que no han logrado negociar con éxito, es el que identificamos como el *mediador.*

Es sabido que los conflictos tienen muchos ángulos por los que pueden ser vistos sin importar el nivel en que se den, ya sean grandes conflictos o problemas interpersonales. Citamos a filósofos universales que lo analizan, así como su posible solución: Immanuel Kant en su obra *Crítica del juicio,* con respecto a la mediación en los conflictos, dice: "Para resolver una antinomia, basta mostrar que es posible que dos proposiciones contrarias en apariencia, no se contradicen en realidad y pueden marchar juntas".[10] Podemos entender en esta cita que Kant propone, para la resolución de un conflicto, demostrar que las proposiciones contrarias en el fondo no son contradictorias, y de ahí partir a una solución para llevar a los "contrarios" a una solución.

En *Leviatán,* Thomas Hobbes dice:

> Sin embargo, ni la razón de un hombre ni la razón de un número cualquiera de hombres constituye la certeza; ni un cómputo puede decirse que es correcto porque gran número de hombres lo haya aprobado unánimemente. Por tanto, así como

---

10 Immanuel Kant, *Crítica del juicio,* trad. Alejo Garcia M. (Madrid: Librerías de Francisco Iravedra, Antonio Novo,1876), 282.

> desde el momento que hay una controversia respecto [19] a un cómputo, las partes, por común acuerdo, y para establecer la verdadera razón, deben fijar como módulo la razón de un árbitro o juez, en cuya sentencia puedan ambas apoyarse (a falta de lo cual su controversia o bien degeneraría en disputa o permanecería indecisa por falta de una razón innata), así ocurre también en todos los debates, de cualquier género que sean. Cuando los hombres que se juzgan a sí mismos más sabios que todos los demás, reclaman e invocan a la verdadera razón como juez, pretenden que se determinen las cosas, no por la razón de otros hombres, sino por la suya propia; pero ello es tan intolerable en la sociedad de los hombres, como lo es en el juego, una vez señalado el triunfo, usar como tal, en cualquiera ocasión, la serie de la cual se tienen más cartas en la mano. No hacen, entonces, otra cosa tales hombres sino tomar como razón verdadera en sus propias controversias las pasiones que les dominan, revelando su carencia de verdadera razón con la demanda que hacen de ella.[11]

Encontramos esta cita que se refiere a un *árbitro* para tener un apoyo de las partes involucradas y así no caer en una disputa durante alguna controversia, ya que nos señala que cada hombre cree tener la razón y para conciliar es necesario que exista alguien que medie entre ellos. Friedrich Nietzsche, en su obra *Humano demasiado humano,* reflexiona sobre el origen de la justicia, y nos dice lo siguiente:

> Origen de la Justicia: [...] Es a saber que allí donde no hay poder claramente reconocido como predominante y donde una lucha no conduciría sino a daños recíprocos sin resultados, nace la idea de un acuerdo y de discutir las pretensiones de una y otra partes: el carácter del trueque es el carácter inicial de la justicia. Se da a cada cual lo que quiere tener, de modo que en adelante sea suyo, y en cambio, se recibe el objeto propio de deseo. La justicia es, pues, una compensación y un trueque en la hipótesis de una potencia aproximadamente igual; y así es también cómo originariamente la venganza pertenece al

---

11 Hobbes, *Leviatán,* 51.

> reinado de la justicia y es un cambio. Lo mismo sucede con el reconocimiento.
> La justicia se vuelve, naturalmente, al punto de vista de una observación juiciosa, y, por lo tanto, al egoísmo, por medio de esta reflexión: "¿Con qué objeto causarme daño inútil, sin realizar quizá mi propósito?" He aquí el origen de la justicia. Porque los hombres, siguiendo su costumbre intelectual, han olvidado el fin original de los actos justos, equitativos.[12]

Nietzsche nos propone que la justicia nace con la intención de evitar un daño en ambas partes por medio de un acuerdo, fin último de la mediación.

Nos vamos a tomar la libertad de citar también la obra de Guillermo Federico Hegel, *Filosofía del derecho*, agregando el concepto mediación entre corchetes, —en el original no se encuentra—; lo hacemos para tratar de explicar, con nuestras palabras, lo que consideramos que Hegel aclara como parte del fundamento de la mediación, como un acto de dos o más voluntades:

> Puesto que las dos partes contratantes [mediados] se comportan recíprocamente como dos personas inmediatas, independientes, se deduce a) el contrato [el convenio de la mediación]) emana del albedrío; b) la voluntad idéntica [a la que se llega] que llega a ser tal, por medio del contrato [del convenio de la mediación], es únicamente resultante de dos voluntades y por lo tanto común, pero de ninguna manera es voluntad universal en sí y por sí; c) el objeto [del convenio de la mediación] del contrato es una cosa singular externa, porque solamente así está sometida al libre albedrío [o voluntad de ambos].[13]

La Real Academia Española define a la mediación de la siguiente forma: "Actividad desarrollada por una persona de

---

[12] Friedrich Nietzsche, *Humano demasiado humano.* 5a. edición. Trad. Jaime Gonzales (México: Editores Mexicanos Unidos, febrero de 1986), 86.

[13] Guillermo Federico Hegel, Filosofía del derecho (Buenos Aires: Editorial Claridad, 1968), 94.

confianza de quienes sostienen intereses contrapuestos, con el fin de evitar o finalizar un litigio".[14]

2.1 EL NOTARIO COMO MEDIADOR

Trataremos de explicar por qué consideramos que el notario está legitimado para ejercer la mediación; como ya lo anotamos, es la propia Ley del Notariado el documento que lo faculta para desarrollar dicha actividad.

Como antecedente histórico encontramos que la Ley Orgánica del Notariado y del Oficio de Escribano, publicada en 1865 por Fernando Maximiliano de Habsburgo, reconoce al notario como un mediador, en su artículo 5:

> Art. 5. Tampoco pueden los Notarios constituirse fiadores de préstamos en cuya estipulación hubieren mediado, o de cuyo otorgamiento debieren dar fe y testimonio, ni ejercer cargos, ocupación, ni granjería que rebajen el prestigio que debe gozar el oficio de Notario.

Hoy en día el convenio que se celebra en el Centro de Justicia Alternativa, en términos del artículo 38 de la Ley de Justicia Alternativa, dice que el convenio celebrado entre los mediados ante la fe pública del director general, director o subdirector de mediación actuante con las formalidades que señala esta ley, será válido y exigible en sus términos, y dicho pacto tendrá fuerza de cosa juzgada. El instrumento público que se firma ante el notario es un documento oponible a terceros, y de acuerdo con nuestra legislación hace prueba plena desde tiempos remotos.

---

[14] Real Academia Española: *Diccionario de la lengua española,* 23.ª ed., [versión 23.7 en línea], https://www.rae.es. https://dle.rae.es/?w=mediación [Consultado 06/11/2019].

Respecto del concepto de cosa juzgada, desde ahora adelantamos que las reformas y adiciones que propondremos para la Ley del Notariado CDMX, en el capítulo de mediación, incluiremos el tema de la cosa juzgada; la redacción del artículo respectivo será: "Artículo [...]. El convenio celebrado entre los mediados ante la fe pública del notario, será válido y exigible en sus términos, y dicho pacto tendrá fuerza de cosa juzgada." Creemos que con dicha adición se atiende el concepto de cosa juzgada.

Destacamos la Ley del Notariado del 2000; en el artículo 33, consigna:

> Artículo 33.- El notario sí podrá:
> [...]
> Fracción VII.- Ser mediador jurídico;
> Fracción VIII.- Ser mediador o conciliador;

El legislador, en esta ley (año 2000), ordena lo siguiente respecto del Colegio de Notarios:

> Artículo 249.- El Colegio coadyuvará al ordenado y adecuado ejercicio de la función Notarial, para lo cual tendrá las facultades y atribuciones siguientes:
> [...]
> XXV.- Intervenir como mediador y conciliador, sobre la actividad de los agremiados, en caso de conflictos de éstos con terceros y rendir opinión a las autoridades competentes;
> XXVI.- Actuar como administrador de arbitraje, árbitro, conciliador y mediador para la solución de controversias entre particulares; para tal efecto podrá designar, de entre sus agremiados, a quienes realicen tales funciones;
> [...]

Como se aprecia, habilita al notario para ejercer la mediación, e incluso al propio Colegio de Notarios como mediador institucional, quien designa a los notarios que intervendrán en la propia mediación.

Por su parte, la Ley del Notariado del 2018 reitera lo anterior, y en su artículo 34 dice que el notario debe y puede desempeñarse como mediador:

> Artículo 34. El Notario sí podrá:
> [...]
> VII. Ser mediador jurídico;
> VIII. Ser mediador o conciliador;
> [...]

Con respecto al Colegio de Notarios, la ley ordena lo mismo que hemos descrito, ahora en el artículo 260:

> Artículo 260. El Colegio coadyuvará al ordenado y adecuado ejercicio de la función Notarial, para lo cual tendrá las facultades y atribuciones siguientes:
> [...]
> XXV. Intervenir como mediador y conciliador, sobre la actividad de los agremiados, en caso de conflictos de éstos con terceros y rendir opinión a las autoridades competentes;
> XXVI. Actuar como administrador de arbitraje, árbitro, conciliador y mediador para la solución de controversias entre particulares; para tal efecto podrá designar, de entre sus agremiados, a quienes realicen tales funciones;
> [...]

El tema de la mediación está regulado en la Ley de Justicia Alternativa, del Tribunal Superior de Justicia del Distrito Federal.

2.2 EL TRIBUNAL SUPERIOR DE JUSTICIA DEL DISTRITO FEDERAL Y LA JUSTICIA ALTERNATIVA

El primero de abril de 2003 se promulgaron las reformas a la Ley Orgánica del Tribunal Superior de Justicia del Distrito Federal (en adelante Tribunal), entre las que se destaca la modificación al artículo 200, que faculta al Consejo de la Judicatura del Distrito Federal a "[...] expedir acuerdos generales [...]

para el desarrollo de programas de soluciones alternativas de controversias. [...]".

El 7 de mayo de 2003, el Pleno del Consejo de la Judicatura [del Distrito Federal] emitió el Acuerdo 16-26/2003, mediante el cual aprueba y autoriza la ejecución del Proyecto de Justicia Alternativa.

El Pleno del Consejo de la Judicatura [del Distrito Federal], con fecha 27 de agosto del 2003, emitió el Acuerdo 19-47/2003 que, entre otras supuestos, aprobó: *a)* el establecimiento de un programa de soluciones alternativas de controversias, administrado por el Centro de Justicia Alternativa (en adelante el Centro); *b)* el cuerpo normativo que regularía al Centro, bajo la denominación de "Reglas de Operación del Centro de Justicia Alternativa del Tribunal Superior de Justicia del Distrito Federal"; y *c)* los dictámenes de reestructura orgánica de la Coordinación de Proyectos Especiales y de integración de la plantilla de personal del Centro, compuesta por seis plazas de estructura, 10 plazas de enlace, ocho de personal técnico-operativo y la celebración de hasta cinco contratos por servicios profesionales.

El 28 de agosto de 2003 se inaugura el Centro, y el primero de septiembre del mismo año inicia sus funciones con el servicio de mediación familiar. Un año después, en la Gaceta Parlamentaria, Cámara de Diputados, número 1576-III, del jueves 2 de septiembre de 2004, se publica la reforma al artículo 17 de la Constitución Política de los Estados Unidos Mexicanos: actualmente, el artículo 17 constitucional, con las reformas sufridas en 2008, por lo que al presente trabajo compete, establece:

> Artículo 17. Ninguna persona podrá hacerse justicia por sí misma, ni ejercer violencia para reclamar su derecho.
> [...]
> Las leyes preverán mecanismos alternativos de solución de controversias. En la materia penal regularán su aplicación, asegurarán la reparación del daño y establecerán los casos en los que se requerirá supervisión judicial.

Por su parte el artículo 18 constitucional, en lo relativo, señala:

> Artículo 18. Sólo por delito que merezca pena privativa de libertad habrá lugar a prisión preventiva. El sitio de ésta será distinto del que se destinare para la extinción de las penas y estarán completamente separados.
> [...]
> Las formas alternativas de justicia deberán observarse en la aplicación de este sistema, siempre que resulte procedente [...]

La Ley de Justicia Alternativa del Tribunal Superior de Justicia para el Distrito Federal (en adelante Ley de Justicia Alternativa) fue publicada en la Gaceta Oficial del Distrito Federal, el 8 de enero de 2008. Actualmente su artículo 1.°, dispone:

> Artículo 1. Las disposiciones contenidas en la presente Ley son de orden público, interés general y observancia obligatoria en el Distrito Federal, y tienen como propósito reglamentar el párrafo cuarto del artículo 17 y el párrafo sexto del artículo 18 de la Constitución Política de los Estados Unidos Mexicanos y regular la mediación como método de gestión de conflictos para la solución de controversias entre particulares cuando éstas recaigan sobre derechos de los cuales pueden aquellos disponer libremente, sin afectar el orden público, basado en la autocomposición asistida.

En virtud del texto anterior hacemos la propuesta de su reforma (que no es materia del presente trabajo) para que se ajuste a lo previsto por la Constitución Política de la Ciudad de México:

> Artículo 1. Las disposiciones contenidas en la presente Ley son de orden público, interés general y observancia obligatoria en la Ciudad de México, y tienen como propósito reglamentar el párrafo cuarto del artículo 17 y el párrafo sexto del artículo 18 de la Constitución Política de los Estados Unidos Mexicanos, así como los artículos 6 y 35 de la Constitución Política de la Ciudad de México y regular la mediación como método de gestión de conflictos para la solución de controversias entre particulares cuando estas recaigan sobre derechos de los cua-

> les pueden aquellos disponer libremente, sin afectar el orden público, basado en la autocomposición asistida.

Como pudimos leer arriba, las leyes del notariado regulan con anticipación (año 2000) a lo emitido por la entonces Asamblea Legislativa del Distrito Federal, respecto del Tribunal (año 2008) sobre la mediación, actuando el notario como un instrumento para solucionar los conflictos como mediador.

2.3 PRINCIPIOS RECTORES DEL MEDIADOR

En lo que se refiere a los principios rectores del mediador en su actuación, a partir de la Ley de Justicia Alternativa, los regula en su artículo 8, que dice:

> Artículo 8. Son principios rectores del servicio de mediación, los siguientes:
> I. Voluntariedad: La participación de los particulares en la mediación deberá ser por propia decisión, libre y auténtica;
> II. Confidencialidad: La información generada por las partes durante la mediación no podrá ser divulgada;
> III. Flexibilidad: La mediación carecerá de toda forma rígida, ya que parte de la voluntad de los mediados;
> IV. Neutralidad: Los mediadores que conduzcan la mediación deberán mantener a ésta exenta de juicios, opiniones y prejuicios propios respecto de los mediados, que puedan influir en la toma de decisiones;
> V. Imparcialidad: Los mediadores que conduzcan la mediación deberán mantener a ésta libre de favoritismos, inclinaciones o preferencias personales, que impliquen la concesión de ventajas a alguno de los mediados;
> VI. Equidad: Los mediadores propiciarán condiciones de equilibrio entre los mediados, para obtener acuerdos recíprocamente satisfactorios;
> VII. Legalidad: La mediación tendrá como límites la voluntad de las partes, la ley, la moral y las buenas costumbres;
> VIII. Economía: El procedimiento deberá implicar el mínimo de gastos, tiempo y desgaste personal.

2.4 ALGUNOS PRINCIPIOS RECTORES DEL NOTARIADO

El notario, por su parte, prácticamente desarrolla todos los principios antes descritos, desde tiempos antiguos, por lo que podemos deducir que el legislador consideró que dichos principios deberían ser aplicados al mediador en la actualidad.

Solo por mencionar algunos transcribimos diversos artículos de las leyes del notariado que han estado en vigor, en la hoy Ciudad de México:

2.4.1 Imparcialidad

Ley del Notariado de la Ciudad de México (2018):

> Artículo 3. En la Ciudad de México corresponde al Notariado el ejercicio de la función Notarial [...]
> El Notariado como garantía institucional consiste en un tipo de ejercicio profesional del Derecho y establece las condiciones necesarias para su correcto ejercicio imparcial, calificado, colegiado y libre.
> Su imparcialidad y probidad debe extenderse a todos los actos en los que intervenga de acuerdo con ésta y con otras leyes.
> [...]
> Artículo 6. Esta Ley regula el tipo de ejercicio profesional del derecho como oficio jurídico consistente en que el Notario, en virtud de su asesoría y conformación imparcial de su documentación en lo justo concreto del caso, [...]
> [...]
> Artículo 7. Esta Ley establece como principios regulatorios e interpretativos de la función y documentación Notarial:
> [...]
> V. El ejercicio de la actividad Notarial, en la justa medida en que se requiera por los prestatarios del servicio, obrando con estricto apego a la legalidad aplicable al caso concreto, de manera imparcial, preventiva, voluntaria y auxiliar de la administración de justicia respecto de asuntos en que no haya contienda;
> El Notario debe prestar su función más allá del interés del solicitante del servicio Notarial, lo que implica cumplir sus pro-

> cedimientos de asesoría y de conformación del instrumento Notarial, en estricto apego a la norma y de manera imparcial; debe aconsejar a cada una de las partes o solicitantes del servicio sin descuidar los intereses de la contraparte en reserva y secrecía, en lo justo del caso de que se trate; y [...]

Ley del Notariado para el Distrito Federal (2000):

> Artículo 66.- Para que la persona que haya obtenido la patente pueda actuar en ejercicio de la función notarial y pertenecer al colegio, deberá rendir protesta ante el jefe de Gobierno del Distrito Federal, o ante quien éste último delegue dicha atribución, en los siguientes términos:
> Protesto, como notario y como miembro del Colegio de Notarios del Distrito Federal, Asociación Civil, guardar y hacer guardar el Derecho, la Constitución Política de los Estados Unidos Mexicanos, el Estatuto de Gobierno del Distrito Federal y las Leyes que de ellos emanen, en particular la Ley del Notariado; y desempeñar objetiva, imparcial, leal y patrióticamente, el ejercicio de la fe pública que se me ha conferido, guardando en todo momento el estricto respeto al Estado Constitucional de Derecho y a los valores ético jurídicos que el mismo comporta, y si así no lo hiciere seré responsable, y pido hoy que en cada caso los particulares a quienes debo servir, las autoridades, el colegio y el decanato, así me lo exijan y demanden, conforme a la ley y sus sanciones.

Ley del Notariado para el Distrito Federal, publicada en el DOF, el 8 de enero de 1980:

> Artículo 35. Queda prohibido a los notarios:
> I. Actuar en los asuntos que se les encomiende, si alguna circunstancia les impide atender con imparcialidad;
> [...]

Ley del Notariado para el Distrito Federal y Territorios, 23 de febrero de 1946

> Artículo 5°. El Notario puede excusarse de actuar: [...]
> II.- Si alguna circunstancia fortuita y transitoria le impide atender con la imparcialidad debida o en general satisfactoriamente el asunto que se le encomiende, en caso de que hubiere otra Notaría en la localidad.

2.4.2 Equidad y legalidad

Ley del Notariado para el entonces Distrito Federal (2000) y Ley del Notariado para la Ciudad de México (2018), haciendo la anotación que coincide el texto y el número en ambas leyes.

> Artículo 6. Esta Ley regula el tipo de ejercicio profesional del derecho como oficio jurídico consistente en que el Notario, en virtud de su asesoría y conformación imparcial de su documentación en lo justo concreto del caso, en el marco de la equidad y el Estado Constitucional de Derecho y de la legalidad derivada del mismo, reciba por fuerza legal del Estado el reconocimiento público y social de sus instrumentos Notariales con las finalidades de protección de la seguridad jurídica de los otorgantes y solicitantes de su actividad documentadora.

2.4.3 Confidencialidad

Respecto de este principio, citamos:

La Ley del Notariado para el Distrito y Territorios Federales, de 29 de enero de 1932, dice:

> Art. 13.- Los Notarios en el ejercicio de su profesión debían recibir las confidencias de sus clientes. En consecuencia, debían guardar reserva sobre los actos pasados ante ellos y estar sujetos a las disposiciones del Código Penal vigente en la época, sobre secreto profesional; salvo los actos y contratos que debían ser inscritos en el Registro Público [...].

El artículo 49 de la Ley Orgánica del Notariado y del Oficio de Escribano, de 21 de diciembre de 1865, en su capítulo IV, relativo a las disposiciones que han de observar los notarios en la autorización de instrumentos públicos, dice:

> Art. 49. No darán noticia ni copia de las escrituras ante ellos otorgadas, sin previo mandato judicial, a otras personas que las directamente interesadas, sus herederos, sucesores o representantes. A los legatarios solo puede darse copia de la cabeza y pie del testamento, y cláusula del legado.

> Cuando las leyes requieran se dé aviso por el Notario a alguna autoridad u oficina, no expedirá la copia sin haber antes cumplido con esa prevención.

La Ley del Notariado para el Distrito Federal y Territorios, de 23 de febrero de 1946, señala:

> Artículo 12.- Los Notarios en el ejercicio de su profesión reciben las confidencias de sus clientes. En consecuencia, deben guardar reserva sobre lo pasado ante ellos y están sujetos a las disposiciones del Código Penal sobre secreto profesional; salvo los informes que obligatoriamente establezcan las leyes respectivas y los actos que deben inscribirse en el Registro Público, de los cuales podrán enterarse las personas que no hubiesen intervenido en ellos, siempre que a juicio del Notario tengan algún interés legítimo en el asunto.

Si bien en la Ley de Justicia Alternativa no existe, a la fecha, el reconocimiento legal del notario como mediador habilitado, no significa que no pueda llevar a cabo esa función, ya que como señalamos anteriormente es su propia ley —la Ley del Notariado— la que lo habilita; razón por lo que consideramos que el notario es un mediador legal; es decir, porque la ley lo dice.

El notario, habilitado como mediador por su propia ley, consideramos que no ha renunciado al ejercicio de la propia mediación; simplemente no se le reconoce con tal carácter ya que más bien se le ubica más en el ámbito inmobiliario, fiscal, corporativo, societario y sucesorio, entre otras actividades.

Tomas Hobbes en su obra *Leviatán,* en el capítulo XIV: "De la primera y de la segunda 'Leyes Naturales' y de los 'Contratos'", señala lo siguiente con respecto al no ejercicio de un valor dado por la ley:

> Qué es renunciar un derecho. Renunciar un derecho a cierta cosa es despojarse a sí mismo de la libertad de impedir a otro el beneficio del propio derecho a la cosa en cuestión. En efecto, quien renuncia o abandona su derecho, no da a otro hom-

> bre un derecho que este último hombre no tuviera antes. No hay nada a que un hombre no tenga derecho por naturaleza: solamente se aparta del camino de otro para qué éste pueda gozar de su propio derecho original sin obstáculo suyo y sin impedimento ajeno. Así que el efecto causado a otro hombre por la renuncia al derecho de alguien, es, en cierto modo, disminución de los impedimentos para el uso de su propio derecho originario.
> Qué es la renuncia a un derecho. Se abandona un derecho bien sea por simple renunciación o por transferencia a otra persona. Por simple renunciación cuando el cedente no se preocupa de la persona beneficiada por su renuncia.[15]

Asimismo, el libro *El contrato social,* de Juan Jacobo Rousseau, en el capítulo VII: "Del soberano", dice al respecto lo siguiente:

> [...] el principio de derecho civil según el cual compromisos contraídos consigo mismo no crean ninguna obligación, porque hay una gran diferencia entre obligarse consigo mismo y de obligarse para con un todo del cual se forma parte.[16]

Nos permitimos reflexionar acerca de la finalidad de nuestro trabajo, utilizando las citas anteriores. En la de Thomas Hobbes, el notariado, como un conjunto que sirve a la sociedad, "abandonó por simple renunciación" el ejercicio legal y reconocido por las autoridades como *mediador legal.* Tarea que tomó el Tribunal Superior de Justicia de la Ciudad de México, creando las leyes e instituciones que le dan a la ciudadanía el servicio de mediación para la solución de conflictos.

La cita de Rousseau nos hace pensar que, si bien la Ley del Notariado desde el año 2000 habilita al notario como media-

---

15 Hobbes, *Leviatán,* 114.

16 Juan Jacobo Rousseau, *El contrato social o principios de derecho político,* 4.ª ed., estudio preliminar y trad. de María José Villaverde (Madrid: Tecnos, 1999,), 16-17.

dor, este no se sintió "obligado" a buscar el reconocimiento de las autoridades como un mediador legal. Esto no quiere decir que ahora los notarios no puedan ejercer la mediación y ser reconocidos como tales por los órganos de gobierno, quienes ahora regulan la mediación en la Ciudad de México.

Este trabajo busca —como ya se dijo— que el notario pueda coadyuvar en materia de mediación, y las autoridades de la materia lo reconozcan como mediador legal e inscriban en la institución; es decir, en el Centro, con la presentación de su patente de notario, otorgada por el gobierno de la Ciudad de México.

Consideramos que para llevar a cabo dichos propósitos haremos los planteamientos que resulten necesarios y convenientes para proponer reformas y adiciones. De lo anterior creemos que resultará necesario tanto la adición de un capítulo a la Ley del Notariado para la Ciudad de México como reformas a la misma, para que la propia ley regule la actividad del notario como mediador, y coadyuve en la actividad de los medios alternos de solución de conflictos.

CAPÍTULO TERCERO

VOLUNTAD Y CONVENIO: ELEMENTOS COMUNES EN LA MEDIACIÓN

La voluntad expresa la manifestación del consentimiento de las partes para negociar, frente a otra u otras personas, las situaciones generadoras del conflicto, y buscar la conclusión del mismo.

3.1 CONCEPTOS DE VOLUNTAD

La Real Academia Española define la voluntad como:

> Facultad de decidir y ordenar la propia conducta.
> Acto con que la potencia volitiva admite o rehúye una cosa, queriéndola, o aborreciéndola y repugnándola.
> Libre albedrío o libre determinación.
> Elección de algo sin precepto o impulso externo que a ello obligue.
> Intención, ánimo o resolución de hacer algo.
> [...]
> 10. Consentimiento, asentimiento, aquiescencia.
> Capacidad de los sujetos de derecho para establecer reglas de conducta para sí mismos y en sus relaciones con los demás dentro de los límites que la ley señala.

La voluntad, en el procedimiento de mediación al que se someten los interesados, es un elemento indispensable para la solución de controversias.

León Duguit nos dice que la voluntad es el derecho de querer, jurídicamente, el derecho de poder por un acto de voluntad y bajo ciertas condiciones, crear una situación jurídica.

continúa diciendo que en el ámbito jurídico es la potestad que tiene toda persona con plena capacidad de ejercicio para regular sus derechos y obligaciones mediante el ejercicio de su libre albedrío, cuyos efectos jurídicos serán sancionados por el derecho.[17]

Como veremos más adelante, esta voluntad se ve materializada en los convenios de mediación que los interesados firman, para dar por concluidos los conflictos que enfrentan.

El *Diccionario de la Lengua Española* nos describe la voluntad como la facultad de decidir y ordenar la propia conducta.

Guillermo Federico Hegel, en su obra *Filosofía del derecho,* nos lleva a una idea más profunda sobre la voluntad. Citamos algunas de sus ideas, al respecto:

> El campo del Derecho es, en general, la espiritualidad y su próximo lugar y punto de partida es la voluntad, que es libre, de suerte que la libertad constituye su substancia y su determinación; y el sistema del Derecho es el reino de la libertad realizada, el mundo del Espíritu, expresado por sí mismo, como en una segunda naturaleza.[18]

En esta cita señala que la libertad es la sustancia de la voluntad, siendo un punto de partida para el derecho.

La Ley del Notariado de 2018, en su artículo 44, nos define qué es el notario, y nos dice que tiene a su cargo recibir, interpretar, redactar y sustentar, de forma legal, la voluntad de las personas que ante él acuden.

Hegel continúa disertando sobre la voluntad:

> La voluntad reside simplemente en sí misma, sólo en esta libertad, porque ella no se refiere a ninguna otra cosa, sino a sí

---

17 León Duguit, *Las transformaciones generales del derecho privado desde el Código de Napoleón* (México: Ediciones Coyoacán, 2007), 36.

18 Hegel *Filosofía,* 46.

> misma; del mismo modo que desaparece, por consiguiente, toda relación de dependencia de cualquier otra cosa. La voluntad es verdadera, o más bien, es la verdad misma, porque su determinación consiste en el ser, en su existencia, esto es, frente a sí misma.[19]

Aquí nos indica de nuevo que la libertad es fuente de la voluntad, consideramos por eso que el notario, siguiendo su naturaleza de escuchar e interpretar la voluntad de las partes, redacta y da forma legal a esta en un instrumento público de su autoría.

En la siguiente cita —también de Hegel— encontramos que la persona que ejerce su voluntad está en posesión de él mismo, sin duda:

> Pero el aspecto por el cual yo, como voluntad libre, estoy objetivamente en posesión de mí mismo y, de esa manera, positivamente con voluntad real, constituye aquí, lo verdadero y lo jurídico, la determinación de la propiedad.[20]

En los siguientes artículos de las leyes del notariado encontraremos lo que Hegel propone como "estoy objetivamente en posesión de mí mismo".

El sábado 23 de febrero de 1946, siendo presidente constitucional Manuel Ávila Camacho, se publicó la Ley del Notariado para el Distrito Federal y Territorios; en su artículo 75 encontramos lo siguiente:

> Artículo 75.- Las escrituras, las actas y sus testimonios, mientras no fuere declarada legalmente su falsedad, probarán plenamente que los otorgantes manifestaron su voluntad de celebrar el acto consignado en la escritura; [...]

---

19 Hegel, *Filosofía*, 59.

20 Hegel, *Filosofía*, 73.

Podemos inducir que, ante el notario, "los otorgantes" manifestaron su voluntad; sabemos que la ley del notariado más adelante fue perfeccionando la actuación del notario con respecto a la voluntad.

En el artículo 102 de la Ley del Notariado para el Distrito Federal, publicada el 8 de enero de 1980, se encuentra lo relativo a la voluntad:

> Artículo 102.- En tanto no se declare judicialmente la falsedad o nulidad de una escritura, las actas y testimonios serán prueba plena de que los otorgantes manifestaron su voluntad de celebrar el acto consignado en la escritura; [...]

Este artículo aclara que siempre y cuando no exista falsedad, la voluntad expresada ante el fedatario se considera válida.

En la ley del notariado del 2000 encontramos, en los artículos 42; 103, fracción XIV; y 156, la referencia a la voluntad.

> Artículo 42.- Notario es el profesional del Derecho investido de fe pública por el Estado, y que tiene a su cargo recibir, interpretar, redactar y dar forma legal a la voluntad de las personas que ante él acuden, [...]

Vemos en este artículo que el legislador amplía las tareas del notario con respecto a la voluntad de las personas que acuden ante él.

> Artículo 103. El Notario redactará las escrituras en español, sin perjuicio de que pueda asentar palabras en otro idioma, que sean generalmente usadas como términos de ciencia o arte determinados, y observará las reglas siguientes:
> [...]
> XIV. Determinará las renuncias de derechos que los otorgantes hagan válidamente conforme a su voluntad manifestada o las consecuencias del acto, y de palabra, subrayando su existencia, explicará a los otorgantes el sentido y efectos jurídicos de las mismas; [...]
> [...]
> Artículo 156.- En tanto no se declare judicialmente la falsedad o nulidad de un instrumento, registro, testimonio, copia certi-

> ficada, copia certificada electrónica o certificación notariales, estos serán prueba plena de que los otorgantes manifestaron su voluntad de celebrar el acto consignado en el instrumento de que se trate, [...]

Quisimos poner de manifiesto, por medio de las leyes, que el legislador reconoce la capacidad del notario de tratar con la voluntad de las personas que recurren a él, pero no sólo la voluntad se ve reflejada en la actividad notarial, también hacemos referencia a lo que nuestro máximo Tribunal se ha pronunciado en una tesis aislada respecto de la comisión y mediación mercantil, que realizaba el entonces corredor.

3.2 COMISIÓN Y MEDIACIÓN. SU DIFERENCIA

> Son diferentes jurídicamente la comisión y la mediación, pues desde luego se advierte que en esta última no se ejercita ninguna representación y el contrato se realiza directamente entre las partes, en tanto que aquélla se realiza en nombre del comitente, o por cuenta de él. La mediación se cumple cuando coinciden las voluntades de las partes interesadas, puestas en contacto por el mediador y el contrato queda concertado, pues con ello, la finalidad perseguida se ha conseguido y la misión del mediador termina con su celebración.[21]

3.3 CONVENIO

Otro elemento común en la mediación es el *convenio*. El artículo 1792 del Código Civil para el Distrito Federal —hoy Ciudad de México—, dice: "Convenio es el acuerdo de dos o

---

21 Suprema Corte de Justicia, "Comisión y mediación su diferencia". Tesis aislada, registro 271154, México: *Semanario Judicial de la Federación*, vol. XLIII (12 de enero de 1961), 48.

más personas para crear, transferir, modificar o extinguir obligaciones".

Consideramos que el convenio es el género de los actos jurídicos en el que el acuerdo de voluntades tiene por objeto un interés jurídico.

El contrato, por su parte, es una especie de este género.

La Real Academia Española refiere el término convenio como "Coincidir causando obligación". Tomas Hobbes en *Leviatán* explica la diferencia entre contrato y convenio de la siguiente manera:

> ¿Qué es contrato? La mutua transferencia de derechos es lo que los hombres llaman CONTRATO.
> Existe una diferencia entre transferencia del derecho a la cosa, y transferencia o tradición, es decir, entrega de la cosa misma. En efecto, la cosa puede entregarse a la vez que se transfiere el derecho, como cuando se compra y vende con dinero contante y sonante, o se cambian bienes o tierras. También puede ser entregada la cosa algún tiempo después.
> ¿Qué es pacto? Por otro lado, uno de los contratantes, a su vez, puede entregar la cosa convenida y dejar que el otro realice su prestación después de transcurrido un tiempo determinado, durante el cual confía en él. Entonces, respecto del primero, el contrato se llama PACTO o CONVENIO.
> O bien ambas partes pueden contratar ahora para cumplir después: en tales casos, como a quien ha de cumplir una obligación en tiempo venidero se le otorga un crédito, su cumplimiento se llama observancia de promesa, o fe; y la falta de cumplimiento, cuando es voluntaria, violación de fe.[22]

En la obra de Platón, *La República,* se encuentra un diálogo entre Polemarco y Sócrates donde discurren sobre las tareas de cada persona:

---

22 Hobbes, *Leviatán,* 116.

> Polemarco: ¿Y quién es más capaz de hacer bien a los amigos pacientes y mal a los enemigos en lo que atañe a enfermedad y salud?
> Sócrates: El médico.
> Polemarco: ¿Y quién a los navegantes en lo que toca a los riesgos del mar?
> Sócrates: El piloto.
> Sócrates: Para los que no están enfermos, amigo Polemarco, es inútil el médico.
> Polemarco: Verdad.
> Sócrates: Y para los que no navegan, el piloto.
> Polemarco: Sí.
> Sócrates: Así también el justo será inútil para los que combaten.
> Polemarco: En eso no estoy tan conforme
> Sócrates: ¿Es útil la justicia en la paz?
> Polemarco: Útil.
> Sócrates: Y la agricultura ¿lo es o no?
> Polemarco: Sí.
> Sócrates: ¿Para la obtención de los frutos?
> Polemarco: Sí.
> Platón: ¿Para provecho y obtención de qué dirás que es útil la justicia en la paz?
> Polemarco: Para los convenios ¡Oh Sócrates![23]

El magistrado del Tercer Tribunal Colegiado del Décimo Tercer Circuito, José Guadalupe Tafoya Hernández, en su artículo "Interpretación de los contratos en el Código Civil para el Distrito Federal", contenido en la revista del Instituto de la Judicatura Federal, página 361, nos dice:

> Como puede observarse del texto transcrito, (el Magistrado se refiere a los Artículos 1792: Convenio es el acuerdo de dos o más personas para crear, transferir, modificar o extinguir obligaciones y 1,793: Los convenios que producen o trasfieren las obligaciones y derechos toman el nombre de contratos). La ley distingue al contrato de la convención; al primero le atribuye la propiedad de dar nacimiento a una obligación en tanto que al convenio le deja como objeto la creación, transmisión, mo-

---

23 Platón, *La República* (México: Porrúa, 2015), 18-19.

> dificación o extinción de las obligaciones y derechos reales o personales. Por lo tanto, el término convención es más general que el término contrato; la convención puede tener por objeto no sólo crear obligaciones, lo que es objeto del propio contrato, sino también su transmisión, modificación o extinción.[24]

Luis Villoro, en su artículo "Hobbes y el modelo de convenio utilitario", publicado por el Instituto de Investigaciones Filosóficas, de la UNAM, nos dice a propósito de *convenio*:

> En el convenio, cada quien renuncia a su derecho, con la condición de que los demás también lo hagan. Cada quien busca exclusivamente su propio beneficio, pero, al buscarlo, coincide con los demás en un interés común. El bien común no se busca por sí mismo; resulta, de hecho, de la coincidencia de intereses particulares guiados por el cálculo racional. Pero entonces, cada quien sigue adherido al convenio en la medida en que responda a su interés particular. Cada quién podrá engañar al otro y faltar a lo convenido si con ello satisface mejor su deseo de vida. En verdad, lo que mejor convendría a su interés sería una situación en que todos los demás se sujetarán al convenio salvo él. Y éste es un cálculo que todos pueden hacer. Sólo por miedo, cada quien se atiene al convenio, pero si su razón le dictare que podría desobedecerlo sin peligro, mientras los demás lo acatan, lo más racional sería faltar al convenio. Ante esa situación, es menester una garantía de que nadie fallará al convenio por interés propio y en perjuicio de los demás. De ahí que el soberano, que no es parte del convenio, sea el que monopolice la fuerza de todos, para hacer respetar el convenio. Un soberano ajeno a los pactantes es necesario, en la medida en que éstos están dirigidos exclusivamente por su interés particular y no identifican éste con el bien común.[25]

---

24 José Guadalupe Tafoya Hernández, "Interpretación de los contratos en el Código Civil para el Distrito Federal" en Revista *del Instituto de la Judicatura Federal* 8, (2001): 361.

25 Villoro, Luis, *Hobbes y el modelo de convenio utilitario,* (México: Instituto de Investigaciones Filosóficas-UNAM), 214.

3.4 CONCEPTO *CONVENIO*, EN NUESTRA LEGISLACIÓN

En el reglamento de la ley del 25 de junio de 1856: Ley de desamortización de las fincas rústicas y urbanas de las corporaciones civiles y religiosas de México, siendo presidente Ignacio Comonfort y secretario de Hacienda, Lerdo de Tejada, encontramos una referencia al convenio.

> Art. 6: El derecho del tanto que alguno tuviere a la publicación de la ley, por convenio escriturado u otro título, para el caso de venta voluntaria de una finca de corporación, es admisible en los remates, pero no en las adjudicaciones a los arrendatarios, o a quiénes se subroguen en su lugar.

En la Constitución política de la República Mexicana, de 1857, en el artículo 5, después reformado el 25 de septiembre de 1873, dice:

> Artículo 5.- Nadie puede ser obligado á prestar trabajos personales sin la justa retribución y sin su pleno consentimiento. El Estado no puede permitir que se lleve á efecto ningún contrato, pacto ó convenio que tenga por objeto el menoscabo, la pérdida, ó el irrevocable sacrificio de la libertad del hombre, ya sea por causa de trabajo, de educación ó de voto religioso. La ley, en consecuencia, no reconoce órdenes monásticas, ni puede permitir su establecimiento, cualquiera que sea la denominación ú objeto con que pretendan erigirse. Tampoco puede admitir convenio en que el hombre pacte su proscripción ó destierro."

Como podemos observar, la modificación tuvo como objeto incorporar al Estado (el soberano, como lo define Hobbes) como garante; no puede permitir que bajo ningún contrato, pacto o convenio tenga por objeto el menoscabo, la pérdida o el irrevocable sacrificio de la libertad del hombre, ya sea por causa de trabajo, de educación o de voto religioso, reiterando el concepto original del convenio respecto del pacto de proscripción o destierro.

En el Código Civil de Francia (código napoleónico) de 1804, en el artículo 1101, encontramos la definición de contrato; este código es la base para el Código Civil de 1870: "El contrato es un convenio por el cual una o más personas se obligan para con otra u otras a dar, hacer o no hacer alguna cosa".

En el código civil de 1870: Código Civil para el Distrito Federal y la Baja California, se encuentra, en el artículo 1388, la definición de contrato:

> "El contrato es un convenio por el que dos o más personas se trasfieren algún derecho o contraen alguna obligación.

Manuel Mateos Alarcón, quien era abogado y magistrado de Tribunal Superior del Distrito Federal, en su obra *Estudios sobre el Código Civil del Distrito Federal,* hace un estudio respecto del código de 1870, y nos dice:

> Contrato, según lo define el art. 1,388 del Código Civil, es un convenio por el que dos ó más personas se transfieren algún derecho contraen alguna obligación". Si se compara esta definición con la que daban las legislaciones romana y española, y con la que generalmente dan los códigos europeos, se encontrará que el nuestro se separa de ellos; pero á la vez se hallará perfectamente justificada esa divergencia.
>
> En efecto, basta tener presente que, según la teoría adoptada por nuestro código, la propiedad se transmite por el solo hecho de celebrarse el contrato, independientemente de la tradición de la cosa para convencerse de la necesidad de que la definición diera a comprender este efecto jurídico de contrato. La definición que hemos dado de este nos obliga a saber qué es convenio.
>
> Convenio es, de acuerdo con Ulpiano, "el concurso de las voluntades de dos o más personas sobre el mismo objeto. *Duorum vel plurium in idem placitum consensus*[Consentimiento de dos o más personas en la misma cosa que agrada]", pero esta definición comprende el convenio en un sentido lato, y abraza aún a aquel que no produce obligación alguna, al cual no puede referirse aquella que la ley da del contrato. Para que se tome en un sentido estricto y verdaderamente jurídico es preciso expresar —como lo hizo Ulpiano— que el consenti-

> miento se otorga, *negotii contravenid causa*, con el objeto de crear obligaciones, o lo que es lo mismo, relaciones jurídicas.[26]

El Código Civil de 1884 define así al convenio: "Artículo 1272. Contrato es un convenio por el que dos o más personas se transfieren algún derecho o contraen alguna obligación".

Veamos cómo el legislador, en el código civil de 1928, en su versión original, en los artículos 1792 y 1793, define convenio para distinguirlo de contrato:

> Artículo 1792. Convenio es el acuerdo de dos o más personas para crear, transferir, modificar o extinguir obligaciones.
> Artículo 1793. Los convenios que producen o transfieren las obligaciones y derechos toman el nombre de contratos.

3.5 ADICIÓN DEL ARTÍCULO 1792 BIS DEL CÓDIGO CIVIL PARA EL DISTRITO FEDERAL

Adicionar al Código Civil para el Distrito Federal, hoy Ciudad de México, el siguiente artículo:

> Artículo 1792 BIS: El Convenio de Mediación es el acto voluntario que pone fin a una controversia total o parcialmente, una vez aceptado y firmado por los participantes, el cual tiene la misma eficacia y autoridad que la cosa juzgada, éste es redactado por el mediador público, por el mediador privado, por el especialista en la materia que tenga cédula profesional que lo acredite como tal, por notario o por el mediador legal, conforme a las disposiciones legales aplicables.

---

26 Manuel Mateos Alarcón, *Estudios sobre el Código Civil del Distrito Federal*, t. III (México: Imprenta de Irineo Paz, 1892), 3.

3.6 PROPUESTA DE LA DEFINICIÓN DE CONVENIO DE MEDIACIÓN

Con el objeto de armonizar el término *convenio*, usando la Ley de Justicia Alternativa de la Ciudad de México, proponemos:

> El Convenio de Mediación es el acto voluntario que pone fin a una controversia total o parcialmente, una vez aceptado y firmado por los participantes, el cual tiene la misma eficacia y autoridad que la cosa juzgada, éste es redactado por el mediador público, por el mediador privado, por el especialista en la materia que tenga cédula profesional que lo acredite como tal, por el Notario o por el mediador legal, conforme a las disposiciones legales aplicables.

Definición que, desde luego, creemos que debe incorporarse a nuestros ordenamientos jurídicos.

Adelantamos lo que será nuestra propuesta respecto de la definición del Convenio de Mediación en la Ley del Notariado para la Ciudad de México:

> Artículo [...]. El Convenio de Mediación celebrado entre los mediados ante la fe pública del notario, es el acto voluntario que pone fin a una controversia total o parcialmente y será válido y exigible en sus términos. Dicho convenio tendrá fuerza de cosa juzgada.

3.7 DEL REGISTRO PÚBLICO DE LA PROPIEDAD EN MATERIA DE CONVENIO DE MEDIACIÓN

De conformidad con las reformas habidas en materia de mediación, se ha involucrado al Registro Público de la Propiedad en esta temática, en los artículos 3005, 3043 y 3044, por lo que más adelante, en el capítulo quinto, transcribiremos lo que en este rubro ha descrito el código civil de 1870, primero en consignar un capítulo del Registro Público; igualmente, en el mismo capítulo describiremos lo relativo a los códigos civiles de 1884 y 1928, así como las reformas que han sufrido los artículos mencionados.

3.8 ARTÍCULO 3005

Artículo 3005. Sólo se registrarán:
I. Los testimonios de escrituras o actas notariales u otros documentos auténticos;
II. Las resoluciones y providencias judiciales que consten de manera auténtica, así como los convenios emanados del procedimiento de mediación que cumplan con los requisitos previstos por el artículo 38 de la Ley de Justicia Alternativa del Tribunal Superior de Justicia para el Distrito Federal.
III. Los documentos privados que en esta forma fueren válidos con arreglo a la Ley, siempre que al calce de los mismos haya la constancia de que el Notario, el Registrador, o el Juez competente, se cercioraron de la autenticidad de las firmas y de la voluntad de las partes. Dicha constancia deberá estar firmada por los mencionados fedatarios y llevar impreso el sello respectivo.

De conformidad con nuestra propuesta de incorporar al notario como mediador legal, para coadyuvar en la solución de controversias, proponemos la adición de un segundo párrafo al artículo 3005:

PROPUESTA ADICIÓN DE UN SEGUNDO PÁRRAFO DE LA FRACCIÓN II DEL ART. 3005

Artículo 3005.- Sólo se registrarán:
I. Los testimonios de escrituras o actas notariales u otros documentos auténticos;
II. Las resoluciones y providencias judiciales que consten de manera auténtica, así como los convenios emanados del procedimiento de mediación que cumplan con los requisitos previstos por el artículo 38 de la Ley de Justicia Alternativa del Tribunal Superior de Justicia para el Distrito Federal.
Igualmente se registrarán los convenios emanados de las actuaciones y los convenios, que los interesados hubieren aceptado y firmado, el cual tiene la misma eficacia y autoridad que la cosa juzgada, y que es redactado por el mediador público,

por el mediador privado, por el especialista en la materia que tenga cédula profesional que lo acredite como tal o por el Notario como mediador legal, conforme a las disposiciones legales aplicables.

III. Los documentos privados que en esta forma fueren válidos con arreglo a la Ley, siempre que al calce de los mismos haya la constancia de que el Notario, el Registrador, o el Juez competente, se cercioraron de la autenticidad de las firmas y de la voluntad de las partes. Dicha constancia deberá estar firmada por los mencionados fedatarios y llevar impreso el sello respectivo.

3.9 ARTÍCULO 3043

Ahora nos referimos al tema de *anotación* en el Registro Público de la Propiedad.

En los códigos de 1870 y 1884 no se regula, en el Título del Registro Público, el concepto a*notación*. En la publicación original del código de 1928, tampoco encontramos dicho concepto.

Es hasta la reforma del código civil, y concretamente la modificación integral de todo el título del Registro Público de la Propiedad, el 18 de enero de 1952, que se incorpora dicho precepto.

Se reformó en los años 2000, 2011 y 2012; finalmente, el 19 de junio de 2013 se publicó en la Gaceta del Distrito Federal, el decreto por el que se reforman, adiciona y derogan diversas disposiciones del Código Civil para el Distrito Federal.

En la misma fecha se reformaron y adicionaron disposiciones del Código de Procedimientos Civiles; de la Ley Registral; de la Ley Orgánica del Tribunal Superior de Justicia y de la Ley de Justicia Alternativa del citado Tribunal, todos para el entonces Distrito Federal. Asimismo, se reformó la fracción VII del artículo 3043, incorporando los convenios en la mediación; en la reforma anterior se había derogado esta fracción VII, por lo que, a partir de esta fecha, el texto al momento del presente trabajo es:

> Artículo 3043. Se anotarán previamente en el Registro Público de la Propiedad:
> I. Las demandas relativas a la propiedad de bienes inmuebles o a la constitución, declaración, modificación o extinción de cualquier derecho real sobre aquéllos;
> II. El mandamiento y el acta de embargo, que se haya hecho efectivo en bienes inmuebles del deudor;
> III. Las demandas promovidas para exigir el cumplimiento de contratos preparatorios o para dar forma legal al acto o contrato concertado, cuando tenga por objeto inmuebles o derechos reales sobre los mismos;
> IV. Las providencias judiciales que ordenen el secuestro o prohíban la enajenación de bienes inmuebles o derechos reales;
> V. Los títulos presentados al Registro Público y cuya inscripción haya sido denegada por el registrador en los términos de este Código y la Ley Registral; dicha anotación preventiva se hará de oficio y la cual solo constará en el Sistema Informático, sin solicitud del interesado y aun cuando no interponga el recurso de inconformidad, anotación que caducará en los términos del artículo 3035 del presente Ordenamiento;
> VI. Las fianzas legales o judiciales, de acuerdo con lo establecido en el artículo 2852 de este Código, así como las fianzas a que se refieren los artículos 31 y 100 de la Ley Federal de Instituciones de Fianzas.
> VII. Los convenios emanados del procedimiento de mediación que cumplan con los requisitos previstos por el artículo 38 de la Ley de Justicia Alternativa del Tribunal Superior de Justicia para el Distrito Federal.
> VIII. Las resoluciones judiciales en materia de amparo que ordenen la suspensión provisional o definitiva, en relación con bienes inscritos en el Registro Público;
> IX. Cualquier otro título que sea anotable, de acuerdo con este Código u otras Leyes, y
> X. El Certificado del Registro de Deudores Alimentarios Morosos a que se refiere el artículo 35 del presente Código.

De conformidad con nuestra tendencia de incorporar al notario en la mediación y que sea un coadyuvante eficaz en el tema, hacemos la siguiente propuesta.

3.10 PROPUESTA DE ADICIÓN DE UN SEGUNDO PÁRRAFO EN LA FRACCIÓN VII DEL ARTÍCULO 3043

> Artículo 3043. Se anotarán previamente en el Registro Público de la Propiedad
> [...]
> VII. Los convenios emanados del procedimiento de mediación que cumplan con los requisitos previstos por el artículo 38 de la Ley de Justicia Alternativa del Tribunal Superior de Justicia para el Distrito Federal.
> Igualmente se anotarán los convenios emanados de las actuaciones y los convenios que los interesados hubieren aceptado y firmado, el cual tiene la misma eficacia y autoridad que la cosa juzgada, y que es redactado por el mediador público, por el mediador privado, por el especialista en la materia que tenga cédula profesional que lo acredite como tal o por el notario como mediador legal, conforme a las disposiciones legales aplicables.

3.11 ARTÍCULO 3044

Este artículo se refiere a los efectos de las anotaciones; sin embargo, no encontramos regulación alguna respecto a estos en los códigos de 1870 y 1884, tampoco en la publicación original del código de 1928. Es hasta la reforma del código civil del 18 de enero de 1952 que encontramos lo siguiente:

> De los Efectos de las Anotaciones
> Artículo 3044. La anotación preventiva, perjudicará a cualquier adquirente de la finca o derecho real a que se refiere la anotación, cuya adquisición sea posterior a la fecha de aquella, y en su caso, dará preferencia para el cobro del crédito sobre cualquier otro de fecha posterior a la anotación.

En los casos de las fracciones IV y VIII del artículo anterior podrá producirse el cierre del registro en los términos de la resolución correspondiente. En el caso de la fracción VI la anotación no producirá otro efecto que el fijado por el artículo 2854.

En el caso de la fracción VII, la anotación servirá únicamente para que conste la afectación en el registro del inmueble sobre el que hubiere recaído la declaración, pero bastará la publicación del decreto relativo en el DOF para que queden sujetos a las resultas del mismo, tanto el propietario o poseedor como los terceros que intervengan en cualquier acto o contrato posterior a dicha publicación, respecto del inmueble afectado, debiendo hacerse la inscripción definitiva que proceda hasta que se otorgue la escritura respectiva, salvo el caso expresamente previsto por alguna ley en que se establezca que no es necesario este requisito.

El 25 de mayo de 2000 se reformó el último párrafo. El 19 junio de 2013 se modificó el segundo párrafo y se derogó el tercero. Con el propósito de que el notario como mediador sea considerado para los efectos del artículo en comento, formulamos la siguiente propuesta.

3.12 PROPUESTA DE ADICIÓN DE UN ÚLTIMO PÁRRAFO DEL ARTÍCULO 3044

De los Efectos de las Anotaciones
Artículo 3044. La anotación preventiva, perjudicará a cualquier adquirente de la finca o derecho real a que se refiere la anotación, cuya adquisición sea posterior a la fecha de aquella, y en su caso, dará preferencia para el cobro del crédito sobre cualquier otro de fecha posterior a la anotación.
En los casos de las fracciones IV y VIII del artículo 3043 podrá producirse el cierre del registro en los términos de la resolución correspondiente. En el caso de la fracción VI la anotación no producirá otro efecto que el fijado por el artículo 2854. Tratándose del caso de la fracción VII, se producirá igualmente el cierre del registro si así fue acordado por los mediados en el convenio respectivo, a efecto de garantizar su cumplimiento. El mediador, Secretario Actuario o funcionario del centro de justicia alternativa según corresponda, solicitará la cancelación de dicho cierre, una vez que las partes se den por satisfechas del cumplimiento de dicho convenio.

> Únicamente los convenios que involucren la obligación de dar alimentos, siempre que la persona deudora alimentaria sea titular registral de un inmueble, podrán producir el cierre de registro, de conformidad con lo previsto por la legislación civil que corresponda.
> En ningún otro caso operará el cierre de registro.
> Si se solicita el cierre de registro en fraude de acreedores, estos podrán solicitar la revocación de la medida ante autoridad jurisdiccional.[27]

[27] Esta adición es la transcripción íntegra del artículo 101 de la Ley General de Mecanismos Alternativos de Solución de Controversias, publicada en el Diario Oficial de la Federación, el viernes 26 de enero de 2024.

CAPÍTULO CUARTO

4.1 LEY DEL NOTARIADO PARA LA CIUDAD DE MÉXICO

En este capítulo haremos un análisis del procedimiento de mediación notarial y formularemos las propuestas de adiciones, reformas y derogación, respectivamente, de la Ley del Notariado para la Ciudad de México, en materia de mediación, en la propia ley.

Ya hemos descrito que la mediación se cumple cuando coinciden las voluntades de las partes interesadas. También establecimos que son instrumentos válidos los procesos de conciliación, arbitraje y mediación, ágiles y productivos, para la solución extrajudicial de conflictos de intereses.

Destacamos que la mediación no es un fin en sí mismo, sino un medio para resolver conflictos sin acudir a los procedimientos estrictamente judiciales.

Comentamos lo relativo a que la mediación sigue una negociación entre las partes en conflicto y busca una solución.

Se estableció que la mediación nunca es una suma cero, en el que uno gana todo y el otro pierde todo.

Se invocó la mediación como una suma positiva, que permita que cada cual obtenga un satisfactor en la medida justa y proporcional del caso.

Se destacó que la mediación debe ser voluntaria; se dijo que la justicia, a través de los juzgadores, en cumplimiento estricto a la máxima constitucional, debe ser pronta y expedita, y que cuando detecten que la controversia es mediable para los justiciables, los enviará a que intenten solucionar sus conflictos a través de este procedimiento.

Se estableció que la mediación voluntaria en sede judicial podía ser atendida por un organismo denominado Centro de Justicia Alternativa, del Tribunal Superior de Justicia del Distrito Federal.

> [...] por lo tanto la reforma que se propone [se refiere a la ley de Justicia Alternativa] coadyuvará una vez más a redefinir el acceso a los servicios privados de mediación, al establecer estrictamente el alcance y actividades del mediador privado en materia de celebración de convenios, con una reglamentación clara y precisa, sujeta a los mecanismos de supervisión, verificación y sanciones; actividades que se relacionan directamente con los mecanismos de fe pública judicial consagrados actualmente en la propia Ley de Justicia Alternativa, [...]

No se consideraron otras alternativas para coadyuvar en el procedimiento de mediación como en su momento lo era la Ley del Notariado para el entonces Distrito Federal que, como lo señalamos, desde el año 2000 establece al notario como mediador, habilitación que se reitera en la ley notarial del 2018.

También consideramos que la Ley de Justicia Alternativa no previó disposición alguna a fedatarios públicos; sus propias leyes los habilitaban como mediadores, como el corredor público y notario público.

Estos fedatarios están sujetos a su propia legislación para llegar a obtener la patente respectiva, como en el caso del notario, su acceso a la función es someterse a examen para ser aspirante a la función notarial (artículo 59 de la Ley del Notariado CDMX), y posteriormente examen de oposición para acceder a la función pública (artículo 60 Ley del Notariado CDMX). Ante varios aspirantes, aquel que obtenga la mayor calificación será declarado triunfador, mecanismo absolutamente diferente que deben seguir los mediadores a través de un curso de capacitación en el que cumplan los requisitos previstos por el Tribunal de Justicia, en su Ley de Justicia Alternativa.

Creemos que el notario debe cumplir con el requisito de solicitar su registro ante el Centro de Mediación como un principio de orden, ya que este organismo está habilitado por la ley para llevar el citado registro, pero también consideramos que la propia ley del notariado, por el solo hecho de la expedición de la patente de notario por conducto del jefe o jefa de Gobierno de la Ciudad de México, lo habilita como mediador. Para efectos del presente trabajo, lo consideramos como mediador legal, porque la ley lo habilita.

Propusimos la reforma al artículo 35 de la Constitución de la Ciudad de México e hicimos la consideración que, con las anteriores propuestas, el notario, como auxiliar en la administración de justicia puede coadyuvar en la solución de conflictos según lo previenen los artículos 7; 11 y 34, fracciones VII y VIII (que lo habilita como mediador); así como el artículo 44, cuarto párrafo, de la Ley del Notariado para la Ciudad de México.

Creemos que las anteriores consideraciones y propuestas deben ser actos del notario a través de la jurisdicción voluntaria que analizamos a continuación.

4.2 JURISDICCIÓN VOLUNTARIA

La mediación es un procedimiento donde las partes deben manifestar su absoluto acuerdo y voluntad para someterse al mismo, por lo que consideramos que es importante hacer un breve recorrido en las diferentes disposiciones notariales[28] que hemos encontrado sobre los temas de jurisdicción voluntaria, arbitraje y mediación, como mecanismos alternos de solución a los conflictos.

---

28 Por tratarse de las mismas, las identificaremos por la fecha de su entrada en vigor.

4.3 JURISDICCIÓN VOLUNTARIA SEGÚN EL DR. MANUEL BORJA SORIANO

En el número 5 de la revista *Derecho Notarial Mexicano,* de la entonces Asociación del Notariado Mexicano (hoy Colegio Nacional del Notariado), se convocó al Segundo Congreso Nacional del Notariado, en octubre de 1957; su presidente, el Dr. Manuel Borja Soriano escribió un artículo que denominó “El notario de México y la jurisdicción voluntaria”. En dicho artículo escribió:

> A.- EL NOTARIO
>
> La Ley del Notariado de 31 de diciembre de 1945, vigente en el Distrito Federal asigna al Notario las funciones siguientes:
>
> El Notario desempeña las funciones que son de orden público, por delegación del Estado o sea del Ejecutivo de la Unión (Art. 1.° de la Ley).
>
> El Notario es la persona investida de fe pública para hacer constar los actos 'y hechos jurídicos a los que los interesados deban o quieran dar autenticidad conforme a las leyes, y autorizada para intervenir en la formación de tales actos o hechos jurídicos, revistiéndolos de solemnidad y forma legal (Art. 2.°).
>
> Escritura es el instrumento original que el notario asienta en el Protocolo para hacer constar un acto jurídico (Art. 32). Acta notarial es el instrumento original que el Notario asienta en el Protocolo para hacer constar un hecho jurídico (Art. 58).
>
> El Notario, además, guarda escritos y firmados en el Protocolo los instrumentos relativos a los actos y hechos jurídicos, con sus anexos y expide los testimonios o copias que legalmente puedan darse (Art. 3°).
>
> Las escrituras, las actas y sus testimonios, mientras no fuere declarada legalmente su falsedad, probarán plenamente que los otorgantes manifestaron su voluntad de celebrar el acto consignado en la escritura que hicieron las declaraciones y se realizaron los hechos de los que haya dado fe el Notario y que éste observó las que mencionó (Art. 75).
>
> El Notario está obligado a ejercer sus funciones cuando para ello fuere requerido. Debe rehusarlas si la intervención en el acto o hecho corresponde exclusivamente a algún otro funcionario; si el objeto o fin del acto es contrario a una ley de interés público o a las buenas costumbres; si el objeto del acto es física o legalmente imposible (Art. 4 Fracs. I, IV y V).

Los Notarios no son remunerados por el erario, sino que tienen derecho a cobrar a los interesados en cada caso los honorarios que devenguen conforme al arancel (Art. 9°).
Los Notarios deben cumplir con las obligaciones que le impone la Ley del Notariado y las demás leyes (Art. 13). En caso de incumplimiento incurren en las penas que la Ley del Notariado establece en sus artículos 14 y siguientes.

B. PROFESIONAL DEL DERECHO

La Ley del Notariado, reiteradamente o sea en sus artículos 1°, 3° y 11 declara que el Notario es un profesional del Derecho. En efecto el Notario tiene que ser abogado con título expedido por institución reconocida legalmente por el Estado y debidamente registrado en la Dirección General de Profesiones y debe haber practicado bajo la dirección y responsabilidad de un Notario, durante ocho meses, ilustra a las partes en materia jurídica, tiene el deber de explicarle el valor y las consecuencias legales de los actos que vayan a otorgar siempre que le pidan esa explicación o que el Notario la juzgue necesaria o conveniente (Art. 11). A los otorgantes les debe explicar el valor y las consecuencias legales del contenido del instrumento cuando proceda, según lo expuesto (Art. 34, frac. III inciso c ; debe examinar el título o los títulos respectivos cuando la escritura sea relativa o bienes inmuebles (Art. 10 y Art. 34, frac. III).
Por su calidad de profesional en Derecho, el Notario podrá: aceptar el cargo de profesor en la Facultad de Derecho o en otro plantel de instrucción pública, resolver consultas jurídicas, patrocinar a los interesados en los procedimientos judiciales necesarios para obtener el registro de escrituras, patrocinar a los interesados en los procedimientos administrativos necesarios para el otorgamiento, registro o trámite fiscal de las escrituras que otorgaren (Art. 6° frac. I, V, VII y VIII). Pero sus funciones son incompatibles con el desempeño del mandato judicial y con el ejercicio de la profesión de abogado en asuntos que haya contienda (Art. 6.° al principio).[29]

---

29 Manuel Borja Soriano,"El notario de México y la jurisdicción voluntaria", *Revista del Derecho Notarial Mexicano* 5 (1957), 159.

4.4 CONCEPTOS DE JURISDICCIÓN VOLUNTARIA POR AUTORES DIVERSOS

Continuamos con lo analizado por diferentes autores, respecto de la jurisdicción voluntaria. Según José de Vicente y Caravantes:

> Entiéndese por jurisdicción voluntaria, la que ejerce el juez en actos o en asuntos que, o por su naturaleza o por el estado en que se hallan, no admiten contradicción de parte emanando su parte intrínseca de los mismos interesados, que acuden ante la autoridad judicial, la cual se limita a dar fuerza y valor legal a aquellos actos, por medio de su intervención o de sus providencias, procediendo sin las formalidades esenciales de los juicios. Por la anterior definición se comprenderá fácilmente las varias diferencias que existen entre la jurisdicción voluntaria y la contenciosa. Una de las más radicales o de mayor importancia, consiste en que la jurisdicción contenciosa tiene por objeto el examen y la decisión de asuntos litigiosos, de contestaciones entre personas que acuden al juicio contra su voluntad, por no hallarse de acuerdo sobre sus pretensiones respectivamente el juez, según lo expuesto y probado por ellas y por eso se dice que esa jurisdicción se ejerce inter volentes, mientras que la jurisdicción voluntaria se ejerce en negocios que no admiten contestación, entre personas que están de acuerdo sobre el acto que se ejecuta y por eso se dice que esa jurisdicción se ejerce inter volentes, y en los que la persona encargada del ejercicio de esta jurisdicción no tiene más que confirmar o dar fuerza y legalidad al acto por medio de su intervención y autoridad.[30]

El famoso profesor de la Universidad Bocconi, de Milán, y de la Universidad Sapienza de Roma, Francesco Carnelutti, opina:

---

30 José de Vicente Caravantes, *Tratado histórico, crítico, filosófico de los procedimientos judiciales en materia civil, según la nueva ley de enjuiciamiento*, t. IV, libro cuarto (Madrid, 1958), 523-524.

Se trata de vigilar o de controlar la actividad jurídica de los particulares, en algunos casos en los que la calidad del sujeto o la estructura o la función del negocio hacen más grave el peligro de un uso nocivo de aquella. Esta es una vigilancia enteramente análoga a aquella que, por ejemplo, el estado ejercita en materia de higiene o de seguridad pública; diversa es la materia, pero idéntico el fin. Así no hay diferencia de fin sino de modo entre el control del Estado sobre las condiciones jurídicas en las que se desenvuelve el trabajo de los niños y sobre la administración del patrimonio de los menores ni entre la vigilancia sobre las condiciones de seguridad de las fábricas y la vigilancia sobre las transacciones entre el asegurador y el operario afectado de un accidente, ni entre la intervención para promover el desarrollo de la industria y la intervención en la constitución y en la disolución de las sociedades comerciales. El Juez cuando preside un consejo de familia, cuando autoriza la venta de la casa de un menor, cuando homologa una transacción en materia de infortunio sobre el trabajo o el estatuto de una anónima, obra por la satisfacción de un interés público que tiene por objeto la buena administración de los intereses privados, bien distintos pues de los intereses en la composición, en la litis.[31]

Para Ugo Rocco:

La jurisdicción voluntaria no es propiamente actividad jurisdiccional, sino actividad administrativa, confiada en gran parte a órganos jurisdiccionales. Este es, por consiguiente, el verdadero signo distintivo entre la jurisdicción verdadera y propia o jurisdicción contenciosa y la jurisdicción voluntaria. Las otras distinciones que han sido propuestas, son todas inexactas.[32]

A juicio del doctor Adolfo Maldonado:

Los caracteres específicos de la jurisdicción voluntaria son, según Mortara, los siguientes: 1°.- No es necesariamente in-

---

31 Francesco Carnelutti, *Lezioni di diritto processuale civile*, vol. II, (Padova, 1930), 140.

32 Hugo Rocco, *Derecho procesal civil*, trad. Felipe de J. Tena, (México, 1939), 69-70.

> herente a la función jurisdiccional del Estado, pues podría ser ejercitada por otros órganos, en vista de que consiste solo en actos de gobierno y de policía civil, tomada esta *expresión* en su sentido más amplio; 2°.- En el ejercicio de la jurisdicción voluntaria no se declaran derechos ni se sancionan obligaciones con la garantía de la ejecución forzada, sino que se realiza una tutela casi paternal de intereses particulares: 3°.- Las resoluciones son tomadas, no según criterios de estricta legalidad, sino según motivos de conveniencia y de oportunidad, para lo cual goza el magistrado de un amplio arbitrio; 4°.- El objeto de la jurisdicción voluntaria es solo el patrimonio o la persona del requirente o de su representado y nunca el patrimonio o la persona de otro, razón por la que una providencia adoptada no puede ser ejecutada coercitivamente ni sobre los bienes ni contra la persona de un tercero.[33]

El doctor Niceto Alcalá Zamora considera:

> Nombre inadecuado (el de jurisdicción voluntaria) . . . porque, con raras excepciones, si algún resultado concluyente se ha logrado en materia de jurisdicción voluntaria es el de que no es ni lo uno ni lo otro. No es jurisdicción porque en la variadísima lista de negocios que la integran será difícil encontrar alguno que satisfaga fines jurisdiccionales en estricto sentido: y mucho menos es voluntaria, porque con frecuencia la intervención judicial resulta para los interesados en promoverla tan necesaria o más que en la jurisdicción contenciosa . . . desorientación legislativa. Como si un nombre inadecuado no suscitase ya suficiente perturbación, a él se suma la desorientación legislativa acerca de lo que sea la jurisdicción voluntaria. . .. Contenido heterogéneo. El recorrido de unos cuantos códigos procesales basta para resolver la variedad extrema en contenido y tramitación de los procedimientos de jurisdicción voluntaria . . . Veamos ahora si la llamada jurisdicción voluntaria tiene carácter jurisdiccional . . . hay que convenir que en la pseudojurisdicción voluntaria el elemento jurisdiccional se halla ausente y que los conceptos a que ella responde serían, por una parte, el de atribución y por otra, el de competen-

---

33 Aldofo Maldonado, *Derecho procesal civil* (México: Antigua Librería Robredo, 1947), 176.

> cia; esto último huelga decirlo, no monopolizado por proceso, aunque dentro de él haya sido estudiado con mayor profundidad y detenimiento . . . Tesis administrativa. Representa hoy por hoy la tendencia dominante: la jurisdicción voluntaria no es jurisdicción, sino administración, se repite por tratadistas en diversos países y arrastrados por su prestigio y número, nosotros mismos hemos estampado la afirmación.[34]
> A este respecto el doctor Alcalá Zamora cita a Kisch y Speri: Chiovenda, Principios I. pág. 364. Carneluti Lezioni, II, n, 90; Calamandrei . . . Redenti, Profili, Alsina y Couture.

4.5 JURISDICCIÓN VOLUNTARIA EN DIFERENTES DISPOSICIONES NOTARIALES

El 16 de agosto de 1848,[35] el presidente José Joaquín Herrera emitió un decreto sobre escribanos, conforme al cual:

> Se declara que las leyes del 30 de noviembre y 19 de diciembre de 1846, no sacaron de su radicación los negocios pendientes en los oficios de los escribanos.
> No habiéndose derogado por los decretos referidos las disposiciones que autorizan a los alcaldes para conocer de los juicios de inventarios y de otros negocios de la jurisdicción voluntaria, los escribanos públicos o los de diligencias en su nombre, actuarán con aquellos funcionarios, radicando los autos en sus respectivos oficios o despacho, de manera que las partes procederán, en la inteligencia de que en el caso de volverse el asunto contencioso, se dará cuenta al juzgado a que el escribano corresponda .

---

34 Niceto Alcala-Zamora, "Premisas para determinar la índole de la llamada jurisdicción voluntaria" en *Estudi in onore di Enrico Redenti nel XL anno del suo insegnamento,* vol. 1, (Miliano, 1951), 3-55. https://catalogo.biblio.unc.edu.ar/Record/ derecho.36268

35 Dublan y Lozano, Op cit. t. V, núm. 3112, p. 436

Podemos observar que el decreto busca que la impartición de justicia en lo que corresponde a la función del escribano tenga un carácter de neutralidad y equidad para las partes involucradas.

En la Ley Orgánica de Notarios y Actuarios del Distrito Federal, de 1867, emitida bajo la administración del presidente Benito Juárez García, se dice:

> Son atribuciones de los actuarios: 1ª. Intervenir en los juicios, en los términos prevenidos en el decreto de 15 del presente mes. 2ª. Practicar y autorizar las diligencias de los juicios arbitrales. 3ª. Asistir a los inventarios extrajudiciales, cuando las partes lo quieran. 4ª. Intervenir en todos los actos y diligencias de jurisdicción voluntaria y en el bastanteo de poderes ultramarinos. Por el ejercicio de estas atribuciones, con excepción únicamente de la primera, pueden cobrar derechos con arreglo al arancel vigente hoy.
> Pero cuando a consecuencia de esas diligencias se haya de otorgar una escritura pública, la extenderá y protocolizará el notario que elijan las partes, si estuvieren todas conformes, ó el que elija el juez en caso contrario, facilitándole los autos y antecedentes necesarios.

Por su parte, la Ley Sobre el Ejercicio del Notariado del Distrito Federal, de 1901, emitida bajo la presidencia del general Porfirio Díaz Mori, dice:

> Art. 76. Puede el Notario renunciar ante la Secretaría de Justicia al desempeño de su cargo; pero si fuere abogado quedará impedido para intervenir, con cualquier carácter, en los negocios judiciales que se relacionen con el acta o actas notariales que por él estuvieron autorizadas, sean de la jurisdicción voluntaria, de la contenciosa o de la mixta.

Con fecha 11 de julio de 1916,[36] Venustiano Carranza emitió un decreto en el que se declararon nulos todos los actos ejecutados, judicial y administrativamente, por el gobierno

---

[36] Secretaría de Gobernación, Op. cit. Decreto, núm.. 61, pp. 153-158.

usurpador de Victoriano Huerta, en el cual, en materia de jurisdicción voluntaria, dispuso:

> Art. 1° Se declaran nulos en toda la República los actos ejecutados por particulares y en los cuales hayan intervenido prestando su autoridad los funcionarios de los poderes judiciales, federales o locales, de las administraciones usurpadoras huertista y convencionista y de los gobiernos neutrales de Oaxaca y Yucatán.
> [...]
> Art. 2° Por razón de orden público, se exceptúan de la nulidad a que se refiere el artículo anterior y por lo tanto se consideran revalidados de pleno derecho, por la sola expedición del presente decreto, los siguientes actos:
> [...]
> III. Las diligencias de jurisdicción voluntaria y mixta que no hayan sido objeto de controversia.
> [...]

La Ley del Notariado para el Distrito Federal y Territorios Federales, de 1932, disponía en su artículo 5 que el notario sí podía ser árbitro o secretario en juicio arbitral, y en su artículo 102 establecía que el notario de número podía renunciar, al entonces Departamento del Distrito Federal o gobierno del Territorio, al desempeño de su cargo, pero como abogado quedaba impedido para intervenir con cualquier carácter en los negocios judiciales que se relacionaren con el acto o acta notariales que hubiesen sido autorizados por él, ya de jurisdicción voluntaria, contenciosa o mixta.

En la Ley del Notariado de 1946, el artículo 6.° dice que el notario solo puede dedicarse a los asuntos no contenciosos, lo que creemos reitera la imparcialidad en su actuación, ya que como es sabido, el abogado en asuntos contenciosos siempre debe actuar en beneficio de su cliente, si no lo hace incurre en responsabilidad profesional. Además, al notario se le permite, entre otros, ser arbitrador o secretario en juicios arbitrales.

En la Ley del Notariado para el Distrito Federal, de 1980, en el artículo 17 se indica que las funciones del notario son incompatibles con todo empleo, cargo o comisión públicos, con los empleos o comisiones de particulares, con el desempeño del mandato judicial y con el ejercicio de la profesión de abogado en asuntos en que haya contienda; con la de comerciante, agente de cambio o ministro de cualquier culto.

La Ley del Notariado para el Distrito Federal, del 2000, señala que la función autenticadora es la facultad otorgada por la ley al notario para que se reconozca como cierto lo que este asiente en las actas o escrituras públicas que redacte, salvo prueba en contrario.

Determina que la función de dar autenticidad debe ser de forma personal, conduciéndose de manera imparcial y con prudencia jurídica —el concepto *prudencia*, de acuerdo con el diccionario, es: "la primera virtud cardinal, que consiste en distinguir lo bueno de lo malo—"; así que este artículo ordena al notario conducirse, distinguiendo lo que más conviene en cada caso.

En su siguiente párrafo define la función notarial como: "el conjunto de actividades que el notario realiza conforme a las disposiciones de esta Ley, para garantizar el buen desempeño y la seguridad jurídica en el ejercicio de su función otorgadora de autenticidad". Esta función a la que se refiere la califica como de "naturaleza compleja"; es decir, reúne actividades diversas que implican un conjunto de conocimientos. Función pública, en cuanto proviene de los poderes del Estado y de la ley . Esto conforma un reconocimiento público de la actividad profesional del notario y de su documentación al servicio de la sociedad, además de que esta actividad es autónoma y libre, confiriendo a esta actuación, la fe pública.

Los artículos 27 y 28 señalan las atribuciones y deberes de las autoridades con respecto de la actividad notarial.

El artículo 33, con 11 fracciones, señala las funciones donde el notario sí puede actuar, destacando las siguientes: cargos académicos, director de alguna institución académica, así como de alguna beneficencia pública o privada, y servicios que desempeñe a personas morales sin fines lucrativos; asimismo, representar a su cónyuge, ascendientes o descendientes por consanguinidad, y hermanos; ser tutor, curador, albacea, comisario o miembro del consejo de administración de sociedades o asociaciones; puede también resolver consultas jurídicas o ser consultor jurídico extranjero. Las fracciones VI, VII y VIII, establecen:

> VI.- Ser árbitro o secretario en juicio arbitral;
> VII.- Ser mediador jurídico;
> VIII.- Ser mediador o conciliador;

Continúa: aconsejar en cuanto procedimientos judiciales o administrativos para obtener registros de escrituras, intervenir y representar en los procedimientos judiciales en que no haya contienda, en trámites y procedimientos administrativos, y en actividades que no causen conflicto ni afecten su capacidad de dar fe pública y asesoría imparcial.

El artículo 42 define al notario de la siguiente manera:

> Artículo 42.- Notario es el profesional del Derecho investido de fe pública por el estado, y que tiene a su cargo recibir, interpretar, redactar y dar forma legal a la voluntad de las personas que ante él acuden, y conferir autenticidad y certeza jurídicas a los actos y hechos pasados ante su fe, mediante la consignación de los mismos en instrumentos públicos de su autoría. El notario conserva los instrumentos en el protocolo a su cargo, los reproduce y da fe de ellos. Actúa también como auxiliar de la administración de justicia, como consejero, árbitro o asesor internacional, en los términos que señalen las disposiciones legales relativas.

Esta definición abarca no solo la actividad a desarrollar por el notario sino incluye los instrumentos a su cargo, ampliando así su definición con respecto a las de las leyes anteriores; indica que el notario es auxiliar en la administración de justicia, consejero y árbitro.

El artículo 166, ordena:

> Artículo 166.- En los términos de esta ley se consideran asuntos susceptibles de conformación por el Notario mediante el ejercicio de su fe pública, en términos de esta Ley:
> I.- Todos aquellos actos en los que haya o no controversia judicial, los interesados le soliciten haga constar bajo su fe y asesoría los acuerdos, hechos o situaciones de que se trate;
> II.- Todos aquellos en los que exista o no controversia judicial, lleguen los interesados voluntariamente a un acuerdo sobre uno o varios puntos del asunto, o sobre su totalidad, y se encuentren conformes en que el notario haga constar bajo su fe y con su asesoría los acuerdos, hechos o situaciones de que se trate, siempre que se haya solicitado su intervención mediante rogación.
> III.- Todos aquellos asuntos que en términos del Código de Procedimientos Civiles conozcan los jueces en vía de jurisdicción voluntaria en los cuales el notario podrá intervenir en tanto no hubiere menores no emancipados o mayores incapacitados. En forma específica, ejemplificativa y no taxativa, en términos de este capítulo y de esta ley:
> a) En las sucesiones en términos del párrafo anterior y de la sección segunda de este capítulo.
> b) En la celebración y modificación de capitulaciones matrimoniales, disolución y liquidación de sociedad conyugal.
> c) En las informaciones ad perpetuam, apeos y deslindes y demás diligencias, excepto las informaciones de dominio.

Debemos llamar la atención; en la actividad diaria del notario, este participa en la solución de conflictos, que la ley denominó *controversia judicial*, y que consideramos que es la esencia de la mediación notarial.

En el artículo 249 se indica que el Colegio coadyuvará para obtener una ordenada y adecuada función notarial, para lo cual tendrá las facultades y atribuciones que se señalan en 35 fracciones, de las cuales la 34 (XXXIV) se reformó el 31 de marzo de 2011. En estas vamos a observar que el Colegio vigila, organiza, colabora, estudia, representa, interviene, formula, propone, impulsa, establece, fomenta y promueve. Todas estas acciones están dirigidas a mejorar la función notarial para la Ciudad de México.

> Artículo 249. [...]
> [...]
> XXV.- Intervenir como mediador y conciliador sobre la actividad de los agremiados, en caso de conflictos de éstos con terceros y rendir opinión a las autoridades competentes;
> XXVI.- Actuar como administrador de arbitraje, árbitro, conciliador y mediador para la solución de controversias entre particulares; para tal efecto podrá designar, de entre sus agremiados, a quienes realicen tales funciones.

La Ley del Notariado para la Ciudad de México, de 2018, está redactada prácticamente en los mismos términos que la anterior, pero con diferente numeración (artículo 34).

Como hemos descrito, la actividad notarial confiere la certeza legal que se requiere para proteger los derechos de las personas que asisten ante el propio notario.

Recordemos lo que en capítulos anteriores describimos de Tomas Hobbes, de su libro *Leviatán*, donde nos dice, respecto de la seguridad de los derechos, lo siguiente:

> Porque nada se rompe tan fácilmente como la palabra de un ser humano.
> Se abandona un derecho bien sea por simple renunciación o por transferencia a otra persona, por simple renunciación cuando el cedente no se preocupa de la persona beneficiada por su renuncia. Por transferencia cuando desea que el beneficio recaiga en una o varias personas determinadas. Cuando una persona ha abandonado o transferido su derecho por cualquiera de estas dos maneras, se dice que está obligado o ligado a no impedir el beneficio resultante a aquel a quien se concede.
> El procedimiento mediante el cual alguien renuncia o transfiere su derecho es una declaración o expresión mediante signo voluntario y suficiente, de que hace esa renuncia o transferencia, o de que ha renunciado o transferido la cosa a quien la acepta. Estos signos son o bien solo palabras o acciones simples o las dos cosas acción y palabra. Unas y otras son

> los lazos por medio de los cuales los hombres se sujetan y obligan; lazos cuya fuerza no estriba en su propia naturaleza (porque nada se rompe tan fácilmente como la palabra de un ser humano), sino en el temor de alguna mala consecuencia de la ruptura.
> Cuando alguien transfiere su derecho, o renuncia a él, lo hace en consideración de cierto derecho que recíprocamente le ha sido transferido o en cambio de algún otro bien que de ello espera.
> Se trata, en efecto, de un acto voluntario y el objeto de los actos voluntarios de cualquier hombre implica algún bien para sí mismo.[37]

Esta cita describe las partes fundamentales de la conducta humana que incumben a la actividad notarial; esta renuncia o transmisión es uno de los aspectos donde la actividad notarial interviene para darle legitimidad, por medio de su capacidad de darle forma legal, a los actos mencionados por Hobbes.

4.6 PROPUESTA DE REFORMAS Y ADICIONES DE LA LEY DEL NOTARIADO PARA LA CIUDAD DE MÉXICO 2018. MEDIACIÓN DE LA LEY DEL NOTARIADO

> Artículo 34. El Notario sí podrá:
> [...]
> VIII. Ser mediador "en los procedimientos de mediación, que regulan la presente Ley y su Reglamento y actuar como" conciliador;
> [...]
> XIII.- Intervenir en los procedimientos de mediación que regulan la presente Ley;
> XIV.- Intervenir en la celebración del Divorcios Bilateral, en términos de la presente Ley, el Código Civil para el Distrito Federal, y el Código Nacional de Procedimientos Civiles y Fa-

37 Hobbes, *Leviatán,*114 y 115.

miliares, en tanto no haya hijas o hijos menores de edad y no existan bienes o deudas atribuibles al patrimonio conyugal.

[...]

Artículo 103.- El Notario redactará las escrituras en español, sin perjuicio de que pueda asentar palabras en otro idioma, que sean generalmente usadas como términos de ciencia o arte determinados, y observará las reglas siguientes:

[...]

XVIII BIS.–En el caso de la celebración ante el notario de divorcios bilateral, se observará adicionalmente lo previsto en el Código Civil para el Distrito Federal y el Código Nacional de Procedimientos Civiles y Familiares.

XVIII TER.–En el caso del procedimiento de Mediación, observará el procedimiento descrito en la presente Ley y su Reglamento.

[...]

Artículo 124 BIS.–Siempre que ante un notario se celebre divorcio bilateral, éste dará aviso al Juez del Registro Civil, dentro de los cinco días hábiles siguientes y remitirá dentro de dicho plazo la copia certificada del acta levantada para que se haga la anotación respectiva en el acta de matrimonio de los divorciantes en términos del artículo 116 del Código Civil para el Distrito Federal.

DE LA COMPETENCIA PARA REALIZAR FUNCIONES NOTARIALES EN ASUNTOS EXTRAJUDICIALES, DE LA TRAMITACIÓN SUCESORIA, "DE MEDIACIÓN Y DE DIVORCIO BILATERAL" ANTE NOTARIO SECCIÓN PRIMERA DISPOSICIONES GENERALES

Artículo 178. En los términos de esta Ley se consideran asuntos susceptibles de conformación por el Notario mediante el ejercicio de su fe pública:

[...]

IV.- Todos aquellos relativos al procedimiento de Mediación, que los interesados voluntariamente se sometan, para dar fin a una controversia y firmar el convenio en que el Notario haga constar bajo su fe y con su asesoría los acuerdos, siempre que se haya solicitado su intervención mediante rogación;

V.- Todos aquellos relativos al divorcio bilateral en tanto no hubiere hijas o hijos menores de edad y no existan bienes o deudas atribuibles al patrimonio conyugal, que los interesa-

dos voluntariamente se sometan, para disolver su matrimonio y firmar el instrumento en que el Notario haga constar bajo su fe y con su asesoría dicha disolución, siempre que se haya solicitado su intervención mediante rogación.
[...]

ADICIÓN

SECCIÓN TERCERA

NORMAS Notariales DE TRAMITACIÓN DE PROCEDIMIENTO DE MEDIACIÓN Y DEL DIVORCIO BILATERAL[38]

Artículo 190 BIS. El procedimiento de mediación, se llevará a cabo en los términos siguientes:
El Notario, deberá:
I. Orientar, asesorar y explicar a las personas interesadas sobre las ventajas, principios y características de la mediación, para valorar si la controversia que se plantea es susceptible de ser solucionada mediante este procedimiento o, en caso contrario, sugerir las instancias pertinentes;
II. Efectuar en forma clara, ordenada, transparente, responsable y de buena fe las actuaciones que impone la mediación siguiendo sus principios rectores;
III. Conducir la mediación con flexibilidad, respondiendo a las necesidades de los mediados, de manera que, al propiciar una buena comunicación y comprensión entre ellos, se facilite la construcción de acuerdos;
IV. Cuidar que los mediados participen de manera libre y voluntaria, exentos de coacciones o de influencia alguna;
V. Conducir la mediación estimulando la creatividad de los mediados durante la construcción de acuerdos;
VI. Explicar las consecuencias legales del procedimiento de mediación;
VII. Suscribir el escrito de autonomía;
VIII. Celebrar el convenio de confidencialidad con los mediados;

[38] Estimado lector, la adición propuesta respecto del *divorcio bilateral* tiene como fin unificar los trabajos del suscrito, denominados: "El notario como mediador" y "El divorcio ante notario".

IX. Solicitar el consentimiento de los mediados para la participación de co-mediadores, peritos u otros especialistas externos a la mediación, cuando resulte evidente que por las características del conflicto se requiere su intervención.
Artículo 190 TER.–El Notario procederá a la elaboración del Convenio en el que se pacten los acuerdos a los que llegaron voluntariamente los mediados y que da fin a la controversia de algún conflicto o conflictos, en beneficio de los propios mediados, el cual será firmado por los interesados.
Artículo 190 QUATER. El convenio celebrado entre los mediados ante la fe pública del notario, será válido y exigible en sus términos y dicho pacto tendrá fuerza de cosa juzgada.
Artículo 190 QUINQUIES.–El Notario dará un aviso de la firma del Convenio a que se refiere el artículo anterior al Colegio y al Centro de Justicia Alternativa del Tribunal Superior de Justicia del Distrito Federal.
Artículo 190 SEXIES. El procedimiento de divorcio bilateral, se llevará a cabo en los términos siguientes:
El Notario, deberá:
I. Orientar, asesorar y explicar a las personas interesadas el valor y consecuencias del divorcio bilateral y la disolución del vínculo matrimonial.
II. Efectuar en forma clara, ordenada, transparente, responsable y de buena fe las actuaciones que impone el divorcio bilateral;
III. Cuidar que los interesados participen de manera libre y voluntaria, exentos de coacciones o de influencia alguna;
Artículo 190 SEPTIES.–El Notario procederá a la elaboración del instrumento que contenga el divorcio bilateral, el cual será firmado y se declarará la disolución del vínculo matrimonial.
Artículo 190 OCTIES. La declaratoria de la disolución del vínculo matrimonial tendrá los efectos a que se refiere el segundo párrafo del Artículo 657 del Código Nacional de Procedimientos Civiles y Familiares.
Artículo 190 NONIES.–El Notario dará un aviso a la Oficina del Registro Civil donde se llevó a cabo el matrimonio que se disuelve, para que se tome nota de dicha disolución.

Con todo lo que hemos analizado creemos que las sugerencias en cuanto a reformas y adiciones, el notario estará en posibilidad de ejercer adecuadamente su función como mediador, en beneficio de los interesados que voluntariamente deseen dar por terminado algún conflicto, y su intervención en el divorcio bilateral.

CAPÍTULO QUINTO

MARCO JURÍDICO DE LOS TEMAS RELATIVOS A ESTE TRABAJO

5.1. TEXTOS CONSTITUCIONALES

A. DECRETO PARA LA LIBERTAD DE LA AMÉRICA MEXICANA

> [...]
> II. FORMA DE GOBIERNO
> Capítulo 1.
> De las provincias que comprende la América Mexicana.
> Art. 42. Mientras se haga una demarcación exacta de esta América Mexicana y de cada una de las provincias que la componen, se reputarán bajo ese nombre y dentro de los mismos términos que hasta hoy se han reconocido las siguientes: México, Puebla, Tlaxcala, Veracruz, Yucatán, Oaxaca, Tecpan, Michoacán, Querétaro, Guadalajara, Guanajuato, Potosí, Zacatecas, Durango, Sonora, Coahuila y nuevo reino de León.

Aquí se hace mención de las provincias que comprendían la futura República Mexicana. Como podemos apreciar no se menciona a la Ciudad de México.

Este decreto, también conocido como *Constitución de Apatzingán*, fue firmado en:

> Palacio nacional del Supremo Congreso Mexicano en Apatzingán, veintidós de octubre de mil ochocientos catorce. Año quinto de la independencia mexicana. José María Liceaga, diputado por Guanajuato, presidente. Dr. José Sixto Berduzco, diputado por Michoacán. José María Morelos, diputado por el Nuevo Reino de León. Lic. José Manuel de Herrera, diputado por Tecpan. Dr. José María Cos, diputado por Zacatecas. Lic. José Sotero de Castañeda, diputado por Durango. Lic. Cornelio Ortiz de Zárate, diputado por Tlaxcala. Lic. Manuel de Aldrete y Soria, di-

> putado por Querétaro. Antonio José Moctezuma, diputado por Coahuila. Lic. José María Ponce de León, diputado por Sonora. Dr. Francisco Argándar, diputado por San Luis Potosí. Remigio de Yarza, secretario. Pedro José Bermeo, secretario.
> [...]
> NOTA.–Los Excelentísimos Señores Lic. D. Ignacio López Rayón, Lic. D. Manuel Sabino Crespo [no se dice cuál era su representación], Lic. D. Andrés Quintana, Lic. D. Carlos María de Bustamante y D. Antonio de Sesma [tampoco se dice la representación que ostentaba], aun que contribuyeron con sus luces a la formación de este DECRETO, no pudieron firmarlo por estar ausentes al tiempo de la sanción, enfermos unos y otros empleados en diferentes asuntos del servicio de la patria. *Yarza*.

B. CONSTITUCIÓN FEDERAL DE 1824

En la Constitución Política de 1824 se plantea la formación de la federación mexicana; sin embargo, no se discutió respecto de la naturaleza jurídica de la Ciudad de México; al parecer de facto se concluyó que esta había sido la capital. Se examinó en qué lugar debían residir los poderes de la nación, pero sin mencionar la constitucionalidad de la Ciudad de México.

Recordemos que había dos posiciones respecto del lugar de asentamiento de los poderes: la Ciudad de México y la ciudad de Querétaro. Después de discutirlo se votó para que la Ciudad de México (capital en ese entonces del Estado de México, la antigua Provincia de México) fuera la capital del país.

El 18 de noviembre de 1824 se declara a la Ciudad de México como capital federal, residencia de los poderes de la federación, con un distrito que se extendería en un círculo de un radio de dos leguas a partir del Zócalo de la ciudad; territorio que estaría bajo la autoridad de un gobernador nombrado por el Ejecutivo federal. [39]

---

[39] Javier Hurtado González y Alberto Arellano Ríos, "La Ciudad de México y el Distrito Federal: un análisis político-constitucional", en *Estudios Constitucionales* 7, núm. 2 (2009).

C. LA CONSTITUCIÓN CENTRALISTA DE 1836

El cambio de la forma federal de Estado a la de Estado unitario, que se dispuso en la Constitución centralista de 1836, trajo consigo la desaparición de los estados y del Distrito Federal, por lo que la Ciudad de México se convirtió en la capital del Departamento de México, en el que se incluyó al antiguo Estado de México. El Acta constitutiva y de reformas de 1847 —primero— y la Constitución de 1857 —después— restauraron la federación y la existencia del Distrito Federal, lo cual se ratificó en la Constitución de 1917.

D. LA CONSTITUCIÓN DE 1857

Nuestra Carta Magna de 1857, sancionada y jurada el 5 de febrero de 1857, restableció la forma federal del Estado mexicano, al disponer:

> [...]
> ART. 43. Las partes integrantes de la federación son: los estados de Aguascalientes, Colima, Chiapas, Chihuahua, Durango, Guanajuato, Guerrero, Jalisco, México, Michoacán, Nuevo León y Coahuila, Oaxaca, Puebla, Querétaro, San Luis Potosí, Sinaloa, Sonora, Tabasco, Tamaulipas, Tlaxcala, Valle de México, Veracruz, Yucatán, Zacatecas y el Territorio de la Baja California.
> [...]
> ART. 46. El Estado del Valle de México se formará del territorio que en la actualidad comprende el Distrito Federal; pero la erección sólo tendrá efecto cuando los Supremos Poderes federales se trasladen á otro lugar.

E. LA CONSTITUCIÓN DE 1917

El 5 de febrero de 1917 se publicó la Constitución Política de los Estados Unidos Mexicanos, que en consonancia con la de 1857 mantuvo la existencia de los estados de la República y del Distrito Federal, en los términos siguientes:

> Art. 43.- Las partes integrantes de la Federación, son los Estados de Aguascalientes, Campeche, Coahuila, Colima, Chiapas, Chihuahua, Durango, Guanajuato, Guerrero, Hidalgo, Jalisco,

> México, Michoacán, Morelos, Nayarit, Nuevo León, Oaxaca, Puebla, Querétaro, San Luis Potosí, Sinaloa, Sonora, Tabasco, Tamaulipas, Tlaxcala, Veracruz, Yucatán, Zacatecas, Distrito Federal, Territorio de la Baja California y Territorio de Quintana Roo.
> Art. 44.- El Distrito Federal se compondrá del territorio que actualmente tiene, y en el caso de que los Poderes Federales se trasladen a otro lugar, se erigirá en Estado del Valle de México, con los límites y extensión que le asigne el Congreso General.

El artículo 44 permaneció así hasta el año de 1993 que tuvo su primera reforma, la cual se publicó en el DOF de 25 de octubre de 1993, en cuya virtud su texto quedó en los siguientes términos:

> La Ciudad de México es el Distrito Federal, sede de los Poderes de la Unión y Capital de los Estados Unidos Mexicanos se compondrá del territorio que actualmente tiene y en el caso de que los Poderes federales se trasladen a otro lugar se erigirá en el Estado del Valle de México, con los límites y extensión que le asigne el Congreso General. [Este texto permaneció en vigor hasta el 25 de octubre de 1993].

La edición vespertina del DOF de 29 de enero de 1916 publicó la modificación de los artículos constitucionales 43 (séptima reforma) y 44 (segunda reforma) que a partir de entonces tienen los textos siguientes:

> Artículo 43. Las partes integrantes de la Federación son los Estados de Aguascalientes, Baja California, Baja California Sur, Campeche, Coahuila de Zaragoza, Colima, Chiapas, Chihuahua, Durango, Guanajuato, Guerrero, Hidalgo, Jalisco, México, Michoacán, Morelos, Nayarit, Nuevo León, Oaxaca, Puebla, Querétaro, Quintana Roo, San Luis Potosí, Sinaloa, Sonora, Tabasco, Tamaulipas, Tlaxcala, Veracruz, Yucatán y Zacatecas; así como la Ciudad de México.
> Artículo 44. La Ciudad de México es la entidad federativa sede de los Poderes de la Unión y Capital de los Estados Unidos Mexicanos; se compondrá del territorio que actualmente tiene y, en caso de que los poderes federales se trasladen a otro lugar, se erigirá en un Estado de la Unión con la denominación de Ciudad de México.

F. LA CONSTITUCIÓN POLÍTICA DE LA CIUDAD DE MÉXICO

El 5 de febrero de 2017, en la Gaceta Oficial de la Ciudad de México se publicó el decreto por el que se expide la Constitución Política de la Ciudad de México, que transcribo en lo que se refiere a la Ciudad, y que nos describe los decretos, que en su parte conducente dicen:

> MIGUEL ÁNGEL MANCERA ESPINOSA, jefe de Gobierno de la Ciudad de México, a sus habitantes sabed:
> Que con fecha 29 de enero de 2016, se publicó en el Diario Oficial de la Federación, el Decreto por el que se Declaran Reformadas y Derogadas diversas disposiciones de la Constitución Política de los Estados Unidos Mexicanos, en materia de la Reforma Política de la Ciudad de México.
> Que de conformidad con lo previsto en el artículo 44 de la Constitución Política de los Estados Unidos Mexicanos, la Ciudad de México es la Entidad Federativa sede de los Poderes de la Unión y Capital de los Estados Unidos Mexicanos; se compondrá del territorio que actualmente tiene y, en caso de que los poderes federales se trasladen a otro lugar, se erigirá en un Estado de la Unión con la denominación de Ciudad de México.
> Que los Transitorios Séptimo, Octavo y Noveno del Decreto por el que se Declaran Reformadas y Derogadas diversas disposiciones de la Constitución Política de los Estados Unidos Mexicanos, en materia de la Reforma Política de la Ciudad de México, y el Reglamento para el Gobierno Interior de la Asamblea Constituyente de la Ciudad de México, establecen que la Asamblea Constituyente expresa la soberanía del pueblo y ejercerá en forma exclusiva todas las funciones del Poder Constituyente para la Ciudad de México, por ende, entre sus atribuciones se encontraban las de aprobar, expedir y ordenar la publicación de la Constitución Política de la Ciudad de México.
> Que la H. Asamblea Constituyente de la Ciudad de México, en sesión solemne, celebrada el treinta y uno de enero de dos mil diecisiete, aprobó la Constitución Política de la Ciudad de México, por lo que cumpliendo con el objeto para la cual fue convocada, con fundamento en los Transitorios Octavo y Noveno, fracción I, inciso f), del Decreto por el que se Declaran Reformadas y Derogadas diversas disposiciones de la Consti-

tución Política de los Estados Unidos Mexicanos, ha tenido a bien expedir y dirigirme el siguiente:

DECRETO POR EL QUE SE EXPIDE LA
CONSTITUCIÓN POLÍTICA DE LA
CIUDAD DE MÉXICO

La Asamblea Constituyente de la Ciudad de México, reunida en la antigua sede del Senado de la República en Xicoténcatl, a partir del 15 de septiembre de 2016, en virtud de los artículos Séptimo, Octavo y Noveno Transitorios del Decreto por el que se declaran reformadas y derogadas diversas disposiciones de la Constitución Política de los Estados Unidos Mexicanos, en materia de la reforma política de la Ciudad de México, publicado en el Diario Oficial de la Federación el 29 de enero de 2016, ha tenido a bien expedir la siguiente:

CONSTITUCIÓN POLÍTICA DE LA CIUDAD DE MÉXICO
PREÁMBULO

In quexquichcauh maniz cemanahuac, aic tlamiz, aic polihuiz, in itenyo, in itauhca Mexihco Tenochtitlan

"En tanto que dure el mundo, no acabará, no perecerá la fama, la gloria de México Tenochtitlan"

Tenoch, 1325.

En la cercanía del séptimo centenario de su fundación, la Ciudad de México se otorga esta Constitución Política. Al hacerlo rememora sus incontables grandezas, hazañas y sufrimientos. Rinde homenaje a los creadores de sus espacios y culturas, a los precursores de su soberanía y a los promotores de su libertad.

Honra su legado y rinde homenaje a todas las comunidades y periodos históricos que le antecedieron, asume un compromiso perdurable con la dignidad y la igualdad de sus pobladores.

Ciudad intercultural y hospitalaria. Reconoce la herencia de las grandes migraciones, el arribo cotidiano de las poblaciones vecinas y la llegada permanente de personas de la nación entera y de todos los continentes.

Esta Constitución es posible merced a la organización cívica y autónoma de sus pobladores y la resistencia histórica contra la opresión. Es la culminación de una transición política de inspiración plural y democrática.

La Ciudad pertenece a sus habitantes. Se concibe como un espacio civilizatorio, ciudadano, laico y habitable para el ejercicio pleno de sus posibilidades, el disfrute equitativo de sus bienes y la búsqueda de la felicidad.

Reconoce la libre manifestación de las ideas como un elemento integrador del orden democrático. Busca la consolidación del Estado garante de los derechos humanos y de las libertades inalienables de las personas.

Guardemos lealtad al eco de la antigua palabra, cuidemos nuestra casa común y restauremos, por la obra laboriosa y la conducta solidaria de sus hijas e hijos, la transparencia de esta comarca emanada del agua. Seamos ciudadanas y ciudadanos íntegros y leales al nuevo orden constitucional. Espejo en que se mire la República, digna capital de todas las mexicanas y los mexicanos y orgullo universal de nuestras raíces.

TÍTULO PRIMERO
DISPOSICIONES GENERALES
Artículo
De la Ciudad de México

1. La Ciudad de México es una entidad integrante de la Federación, sede de los Poderes de la Unión y capital de los Estados Unidos Mexicanos.
2. En la Ciudad la soberanía reside esencial y originariamente en el pueblo, quien la ejerce por conducto de sus poderes públicos y las figuras de democracia directa y participativa, a fin de preservar, ampliar, proteger y garantizar los derechos humanos y el desarrollo integral y progresivo de la sociedad. Todo poder público dimana del pueblo y se instituye para beneficio de éste.
3. La Ciudad adopta para su gobierno la forma republicana, democrática, representativa, laica y popular, bajo un sistema de división de poderes, pluralismo político y participación social.
4. La Ciudad es libre y autónoma en todo lo concerniente a su régimen interior y a su organización política y administrativa.
5. Las autoridades de la Ciudad ejercen las facultades que les otorga la Constitución Política de los Estados Unidos Mexicanos, todas aquellas que ésta no concede expresamente a los funcionarios federales y las previstas en esta Constitución.
6. Para la construcción del futuro la Ciudad impulsa la sociedad del conocimiento, la educación integral e inclusiva, la in-

vestigación científica, la innovación tecnológica y la difusión del saber.
7. La sustentabilidad de la Ciudad exige eficiencia en el uso del territorio, así como en la gestión de bienes públicos, infraestructura, servicios y equipamiento. De ello depende su competitividad, productividad y prosperidad.
8. El territorio de la Ciudad de México es el que actualmente tiene de conformidad con el artículo 44 de la Constitución Política de los Estados Unidos Mexicanos. Sus límites geográficos son los fijados por los decretos del 15 y 17 de diciembre de 1898 expedidos por el Congreso de la Unión.

5.2. EL REGISTRO PÚBLICO EN LOS CÓDIGOS CIVILES DE MÉXICO

A. CÓDIGO CIVIL DE 1870

Este código, en su exposición de motivos, señala:

EXPOSICIÓN DE MOTIVOS
Este sistema, nuevo enteramente entre nosotros, ha sido adoptado por la comisión á fin de hacer más seguros los contratos y menos probable la ocultación de los gravámenes y demás condiciones de los bienes inmuebles. Probablemente requieren mayor desarrollo; pero la Comisión ha creído, que bastaba establecer las bases principales, dejando á los reglamentos administrativos toda la parte mecánica, que debiendo sufrir todas las modificaciones que vaya dictando la experiencia, puede ser objeto de progresivas reformas, sin que tal vez sea necesario en mucho tiempo tocar el Código.[40]

El texto del articulado, establece:

---

40 Carlos Correa Rojo, *Código Civil 1870*, ed. facsimilar (Ciudad de México: Notaria Pública 232, 2017).

> Título Vigésimo Tercero
> Del Registro Público
> Capítulo I
> Disposiciones Generales
> Art. 3324. En toda población donde haya tribunal de primera instancia se establecerá un oficio denominado *Registro público*.
> Art. 3330. Solo pueden inscribirse los títulos que constan de escritura pública, y las sentencias y providencias judiciales certificadas legalmente.

Según el artículo 3330 del código, solo pueden inscribirse los títulos que consten de escritura pública, y las sentencias y providencias judiciales certificadas legalmente; el artículo 16 del reglamento define qué documentos se entienden por títulos. Para todos los efectos de la inscripción se entiende por título: "el documento público y fehaciente entre vivos ó por causa de muerte, en que funde su derecho sobre el inmueble ó derecho real, la persona á cuyo favor deba hacerse la inscripción misma." [41]

A este respecto, Manuel Mateos Alarcón, en su obra *Estudios sobre el Código Civil del Distrito Federal, promulgado en 1870 con anotaciones relativas a las reformas introducidas en el Código de 1884,* comenta:

> Según el artículo 3,330 del Código, sólo pueden inscribirse los títulos que constan de escritura pública y las sentencias y providencias judiciales certificadas legalmente; y el artículo 16 del Reglamento define qué documentos se entienden por títulos, diciendo que para todos los efectos de la inscripción, se entiende por título, el documento público y fehaciente entre vivos o por causa de muerte, en que funde su derecho sobre el

---

41 Manuel Mateos Alarcón, *Estudios sobre el Código Civil del Distrito Federal, promulgado en 1870 con anotaciones relativas a las reformas introducidas en el Código de 1884,* t. V. Tratado de obligaciones y contratos (México:,Imp. De Díaz de León Sucs, 1896), 538.

inmueble ó derecho real, la persona á cuyo favor deba hacerse la inscripción misma.

Es decir, que sólo se pueden inscribir las escrituras públicas que contengan algún contrato ó última voluntad, en virtud de los cuales se verifique alguna mutación de la propiedad de bienes raíces, se haga algún desmembramiento de ella, ó se constituyan sobre aquellos algún derecho real.

Esta conclusión no es absoluta, porque también se pueden inscribir otra especie de documentos que no tienen el carácter de escrituras públicas y que, sin embargo, son fehacientes. Hallamos confirmada está aserción en el artículo 21 del Reglamento, que declara, que se consideran como documentos auténticos para todos los efectos de la ley, los que sirviendo de títulos de dominio ó derecho real, estén expedidos por autoridad competente para darlos y deban hacer fe por sí solos; y señala como pertenecientes á este número, los documentos en que se otorga la concesión de las minas ó de los caminos de fierro, las escrituras de adjudicación otorgadas por la autoridad política y la certificación de actos judiciales en que por convenio de las partes se constituya algún derecho real sobre bienes determinados.

Esta exigencia no es inoportuna é infundada, sino que obedece al sistema que ha adoptado el Código, pues atribuyéndole á la inscripción en el Registro público efectos jurídicos de trascendencia, era consiguiente que la rodeara de requisitos y solemnidades que garanticen la legitimidad de los títulos en que se funda, y como las escrituras públicas se otorgan con las solemnidades que llenan ese objeto, de aquí que la ley sólo permiten la inscripción de los títulos que consten en documentos de esa especie.

Por las mismas consideraciones y porque prestan las mismas garantías, permiten la ley y su reglamento la inscripción de las sentencias y providencias legalmente certificadas y los documentos auténticos enumerados en el artículo del Reglamento á que hemos hecho referencia."[42]

El código de 1870, además dispone: 3344. También se registrarán las sentencias en que se decrete la separación de bienes por divorcio necesario, y las que aprueben dicha separación en los casos de divorcio voluntario ó de simple convenio.

---

42 Mateos Alarcón, *Estudios*, 538.

> Capítulo III
> Del modo de hacer el registro
> Art. 3347. El interesado presentará á la respectiva sección el título en que conste el acto ó contrato, ó el testimonio autentico de la sentencia y el documento legal que acredite su representación, si obra en nombre ajeno.

B. CÓDIGO CIVIL 1884

Por su parte el artículo 3191 del Código de 1884, estableció:

> TITULO VIGESIMO TERCERO. DEL REGISTRO PÚBLICO
> Art. 3185. El oficio se compondrá de cuatro secciones:
> CAPITULO I
> Disposiciones generales,
> Art. 3184. En toda población donde haya tribunal de primera instancia se establecerá un oficio denominado Registro Público.
> Art. 3191. Sólo pueden inscribirse los títulos que constan de escritura pública y las sentencias y providencias judiciales certificadas legalmente.

C. CÓDIGO CIVIL 1928

Por lo que se refiere al texto original del Código Civil de 1928, se reguló:

> CAPÍTULO II
> De los títulos sujetos a registro y de los efectos legales del registro.
> Artículo 3,002.–Se inscribirán en el Registro:
> [...]
> Artículo 3005.- Los actos ejecutados, los contratos otorgados y las resoluciones judiciales pronunciadas en país extranjero, solo se inscribirán concurriendo las circunstancias siguientes:
> [...]
> CAPÍTULO III
> Del modo de hacer el registro y de las personas que tienen derecho de pedir la inscripción.
> Artículo 3011.- Sólo se registrarán:
> I.- Los testimonios de escritura pública u otros documentos auténticos;
> [...]

Por lo que se refiere al artículo original 3011, con fecha 18 de enero de 1952, se modificó, con una redacción que no interesa para el presente trabajo.

El artículo 3005 se modificó en la misma fecha. La parte del texto que nos interesa, es la siguiente:

> Solo se registrarán:
> I.- Los testimonios de escrituras o actas notariales u otros documentos auténticos
> [...]

El mismo artículo se modificó el 3 de enero de 1979, en su tercera fracción, pero no es parte de nuestro trabajo; asimismo, tuvo reformas posteriores (7 de enero de 1988) que tampoco son materia de este trabajo.

El 23 de julio de 2012 y 19 de junio de 2013 volvió a modificarse, y a la fecha del presente trabajo su texto es el siguiente:

> Artículo 3005. Sólo se registrarán:
> I. Los testimonios de escrituras o actas notariales u otros documentos auténticos;
> [Texto anterior a la reforma]
> [II. Las resoluciones y providencias judiciales que consten de manera auténtica];
> [Fracción II reformada 19 junio 2013].
> II. Las resoluciones y providencias judiciales que consten de manera auténtica, así como los convenios emanados del procedimiento de mediación que cumplan con los requisitos previstos por el artículo 38 de la Ley de Justicia Alternativa del Tribunal Superior de Justicia para el Distrito Federal.
> [Texto anterior a la reforma].
> III. Los documentos privados que en esta forma fueren válidos con arreglo a la ley, siempre que al calce de los mismos haya la constancia de que el Notario, el Registrador, el Corredor Público o el Juez competente, se cercioraron de la autenticidad de las firmas y de la voluntad de las partes. Dicha constancia deberá estar firmada por los mencionados fedatarios y llevar impreso el sello respectivo].
> [Fracción III reformada y adicionado un último párrafo, 23 julio de 2012].

III. Los documentos privados que en esta forma fueren válidos con arreglo a la Ley, siempre que al calce de los mismos haya la constancia de que el Notario, el Registrador, o el Juez competente, se cercioraron de la autenticidad de las firmas y de la voluntad de las partes.
Dicha constancia deberá estar firmada por los mencionados fedatarios y llevar impreso el sello respectivo.

A MANERA DE CONCLUSIONES PODEMOS SEÑALAR:

1. La Constitución de 1824 modeló un Estado confesional que protegía a la religión católica y prohibía profesar cualquier otra.

2. La Constitución Política de la Ciudad de México, en su artículo 11 C 3, reconoce el derecho humano a la seguridad jurídica y al servicio notarial.

3. En materia de notariado, expresa la Constitución Política de la Ciudad de México que el gobierno de la Ciudad otorga las patentes de notario después de triunfar en el examen de oposición convocado para ello (artículo 37 C 1), y señala los medios alternos de solución de conflictos que hoy se dan a través del Tribunal Superior de Justicia de la Ciudad de México por conducto del Centro de Justicia Alternativa.

4. Según diversos autores, la mediación es la participación de un tercero (mediador) para buscar la conciliación y el acuerdo entre las partes en conflicto (mediados) que no han logrado llegar a posibles soluciones.

5. La Ley Orgánica del Notariado y del Oficio de Escribano, publicada en 1865 por Fernando Maximiliano de Habsburgo, reconoció al notario como un mediador:

> Art. 5.º Tampoco pueden los Notarios constituirse fiadores de préstamos en cuya estipulación hubieren mediado, ó de cuyo otorgamiento debieren dar fé y testimonio, ni ejercer cargos, ocupación, ni granjería que rebajen el prestigio que debe gozar el oficio de Notario.

6. El artículo 38 de la Ley de Justicia Alternativa del Tribunal Superior de Justicia para el Distrito Federal autoriza al director

general, director o subdirector de mediación (dotados de fe pública solo para estos efectos) para que ante él se celebre un convenio entre los mediados para dar fin a una controversia; convenio que debe reunir las formalidades que señala la propia ley, el que será válido y exigible en sus términos, y tendrá fuerza de cosa juzgada.

7. No existe a la fecha el reconocimiento legal del notario como mediador habilitado en la Ley de Justicia Alternativa del Tribunal Superior de Justicia para el Distrito Federal, lo cual no significa que no pueda actuar como tal, ya que el artículo 34 de la Ley del Notariado de la Ciudad de México lo faculta para ello.

8. Los temas de voluntad y convenio son elementos comunes en la mediación.

9. La voluntad en las leyes notariales es elemento indispensable en el otorgamiento de instrumentos notariales.

10. El legislador reconoce la capacidad del notario de tratar con la voluntad de las personas que recurren a él.

11. Son instrumentos válidos, ágiles y productivos para la solución extrajudicial de conflictos de intereses, los procesos de conciliación, arbitraje y mediación.

12. La mediación no es un fin en sí mismo, sino un medio para resolver conflictos sin acudir a los procedimientos estrictamente judiciales.

13. El tema de la jurisdicción voluntaria ha estado regulado por las leyes del notariado en diferentes épocas, lo que le ha permitido aprovechar esta vía para el trámite de diversos asuntos.

EN LOS RESPECTIVOS CAPÍTULOS HICIMOS PROPUESTAS DE REFORMAS Y ADICIONES A LOS

ORDENAMIENTOS JURÍDICOS QUE FUERON MATERIA DE ANÁLISIS; ENTRE OTRAS, SON:

Primera. Reformar el artículo 35 de la Constitución Política de la Ciudad de México con el fin de que el Centro de Justicia Alternativa tenga facultad para emitir la certificación respectiva a los profesionales que cumplan con los requisitos que establece la ley de la materia, a los especialistas en medios alternativos de controversias que tengan cédula profesional emitida por dicha especialidad, y a aquellos que la ley que regula su actividad profesional los habilite como mediadores.

Segunda. Se propone que el notario coadyuve en la solución de conflictos, para lo cual debe asumir el papel de mediador.

Tercera. Se adicione un artículo al capítulo "Mediación" de la Ley del Notariado de la Ciudad de México, con el propósito de que el instrumento público en materia de mediación, en que el notario fungió como mediador, tenga efectos de cosa juzgada.

Lo anterior para que ante el notario se pueda llevar a cabo el procedimiento de mediación, en consideración de la habilitación que como tal establece la Ley del Notariado para el entonces Distrito Federal en el año 2000 (artículo 33), y lo reitera en la Ley del Notariado para la Ciudad de México del 2018 (artículo 34).

Cuarta. Reformar el artículo 1 de la Ley de Justicia Alternativa para que quede de la siguiente manera:

> 1. Las disposiciones contenidas en la presente Ley son de orden público, interés general y observancia obligatoria en el Distrito Federal , y tienen como propósito reglamentar el párrafo cuarto del artículo 17 y el párrafo sexto del artículo 18 de la Constitución Política de los Estados Unidos Mexicanos, así como los artículos 6 y 35 de la Constitución Política de la Ciudad de México, y regular la mediación como método de gestión de conflictos para la solución de controversias entre particulares cuando estas recaigan sobre derechos de los cua-

les pueden aquellos disponer libremente, sin afectar el orden público, basado en la autocomposición asistida.

Quinta. Reformar la Ley del Notariado para la Ciudad de México con el fin de incorporar normas de tramitación de procedimiento de mediación y del divorcio bilateral.

Incorporar los artículos siguientes:

EN RELACIÓN AL PROCEDIMIENTO DE MEDIACIÓN

Artículo 190 BIS. para que el procedimiento de mediación se lleve a cabo el Notario, deberá:
I. Orientar, asesorar y explicar a las personas interesadas sobre las ventajas, principios y características de la mediación, para valorar si la controversia que se plantea es susceptible de ser solucionada mediante este procedimiento o, en caso contrario, sugerir las instancias pertinentes;
II. Efectuar en forma clara, ordenada, transparente, responsable y de buena fe las actuaciones que impone la mediación siguiendo sus principios rectores;
III. Conducir la mediación con flexibilidad, respondiendo a las necesidades de los mediados, de manera que al propiciar una buena comunicación y comprensión entre ellos se facilite la construcción de acuerdos;
IV. Cuidar que los mediados participen de manera libre y voluntaria, exentos de coacciones o de influencia alguna;
V. Conducir la mediación estimulando la creatividad de los mediados durante la construcción de acuerdos;
VI. Explicar las consecuencias legales del procedimiento de mediación;
VII. Suscribir el escrito de autonomía;
VIII. Celebrar el convenio de confidencialidad con los mediados;
IX. Solicitar el consentimiento de los mediados para la participación de co-mediadores, peritos u otros especialistas externos a la mediación, cuando resulte evidente que por las características del conflicto se requiere su intervención.
Artículo 190 TER. El Notario procederá a la elaboración del Convenio en el que se pacten los acuerdos a los que llegaron voluntariamente los mediados y que da fin a la controversia de

algún conflicto o conflictos, en beneficio de los propios mediados, el cual será firmado por los interesados.
Artículo 190 QUATER. El convenio celebrado entre los mediados ante la fe pública del notario, será válido y exigible en sus términos y dicho pacto tendrá fuerza de cosa juzgada.
Artículo 190 QUINQUIES. El Notario dará un aviso de la firma del Convenio a que se refiere el artículo anterior al Colegio y al Centro de Justicia Alternativa del Tribunal Superior de Justicia del Distrito Federal.

EN RELACIÓN AL PROCEDIMIENTO DE DIVORCIO BILATERAL, INCORPORAR:

Artículo 190 SEXIES. El procedimiento de divorcio bilateral se llevará a cabo en los términos siguientes:
El Notario deberá:
I. Orientar, asesorar y explicar a las personas interesadas el valor y consecuencias del divorcio bilateral y la disolución del vínculo matrimonial.
II. Efectuar en forma clara, ordenada, transparente, responsable y de buena fe las actuaciones que impone el divorcio bilateral;
III. Cuidar que los interesados participen de manera libre y voluntaria, exentos de coacciones o de influencia alguna;
Artículo 190 SEPTIES.–El Notario procederá a la elaboración del instrumento que contenga el divorcio bilateral, el cual será firmado y se declarará la disolución del vínculo matrimonial.
Artículo 190 OCTIES. La declaratoria de la disolución del vínculo matrimonial tendrá los efectos a que se refiere el segundo párrafo del artículo 657 del Código Nacional de Procedimientos Civiles y Familiares.
Artículo 190 NONIES. El Notario dará un aviso a la Oficina del Registro Civil donde se llevó a cabo el matrimonio que se disuelve, para que se tome nota de dicha disolución.

Sexta. Adicionar al Código Civil para el Distrito Federal —hoy Ciudad de México— el siguiente artículo:

Artículo 1792 BIS. El Convenio de Mediación es el acto voluntario que pone fin a una controversia total o parcialmente, una vez aceptado y firmado por los participantes, el cual tiene la misma eficacia y autoridad que la cosa juzgada, éste es redactado por el mediador público, por el mediador privado, por el especialista en la materia que tenga cédula profesional que lo acredite como tal por notario o por el mediador legal, conforme a las disposiciones legales aplicables.

FUENTES CONSULTADAS

Acosta Romero, Miguel. *Teoría general del derecho administrativo.* 4.ª ed. México: Porrúa, 1981.

Alcalá-Zamora, Niceto. Premisas para determinar la índole de la llamada jurisdicción voluntaria. Este estudio forma parte del libro denominado "Estudi in onore di Enrico Redenti nel XL anno del suo insegnamento. Volume Primo Miliano, 1951.https://catalogo.biblio.unc.edu.ar/Record/derecho.36268

Borja Soriano, Manuel. "El notario de México y la jurisdicción voluntaria". *Revista del Derecho Notarial Mexicano,* núm. 5 (1957): .

Caravantes, José de Vicente. *Tratado histórico, crítico, filosófico de los procedimientos judiciales en materia civil, según la nueva ley de enjuiciamiento.* T. IV, libro cuarto, 523-524. Madrid, 1858 .

Carnelutti, Francesco. *Lezioni di diritto processuale civile.* Vol. II, Padova, 1930.

Correa Rojo, Carlos. *Evolución del notariado.* 1.ª ed. T. IV. México: Colofón, 2014.

Correa Rojo Carlos, *Código Civil 1870.* Ed. facsimilar. Ciudad de México: Notaría Pública 232, 2017.

Díaz García, Elías. "Teoría general del Estado de Derecho". *Dialnet. Revista de estudios políticos,* núm. 131 (1963). https://dialnet.unirioja.es/servlet/articulo?codigo=2048229 [Consultado el 06/11/2019].

Diccionario Jurídico Mexicano. T. VIII, 2.ª parte. México: UNAM. https://archivos.juridicas.unam.mx/www/bjv/libros/3/1175/11.pdf [Consultado 06/11/2019].

Domínguez Martínez, Jorge Alfredo. "Orden público y autonomía de la voluntad". *Cien años de derecho civil en México 1910-2010. Conferencias en homenaje a la Universidad Nacional Autónoma de México.* Coord. José Antonio Sánchez Barroso. México: Colegio de Profesores de Derecho Civil, Facultad de Derecho-UNAM, 2011.

Duguit, León. *Las transformaciones generales del derecho privado desde el Código de Napoleón.* México: Ediciones Coyoacán, 2007.

Hegel, Guillermo Federico. *Filosofía del derecho.* Buenos Aires: Editorial Claridad, 1968.

Hobbes, Thomas: *Leviatán, o la materia, forma y poder de una república eclesiástica y civil.* 3.ª ed. México: Fondo de Cultura Económica, 2017.

Hurtado González, Javier y Alberto Arellano Ríos. "La Ciudad de México y el Distrito Federal: un análisis político-constitucional". *Estudios constitucionales* 7, núm. 2 (Santiago), 2009.

Kant, Immanuel. *Crítica del juicio.* T. I. Trad. Alejo Garcia M. Madrid: Librerías de Francisco Iravedra, Antonio Novo, 1876.

Kelsen, Hans. *Teoría pura del* derecho. 2.ª reimpresión. México: Instituto de Investigaciones Jurídicas- UNAM, 1982.

Maldonado, Adolfo. *Derecho procesal civil.* México: Antigua Librería Robredo, 1947.

Mateos Alarcón, Manuel. *Estudios sobre el Código Civil del Distrito Federal.* T. III. México: Imprenta de Irineo Paz, 1892.

Mateos Alarcón, Manuel. *Estudios sobre el Código Civil del Distrito Federal,* T. V. México: Imprenta de Díaz de León, 1896.

Nietzsche, Friedrich: *Humano demasiado humano.* 5.ª ed. Trad. Jaime Gonzales. México: Editores Mexicanos Unidos , febrero de 1986.

Platón. *La República.* México: Porrúa, 2015.

Real Academia Española: *Diccionario de la lengua española,* https://dle.rae.es/?w=mediación. [Consultado 06/11/2019].

Rocco, Hugo. *Derecho procesal civil.* Trad. Felipe de J. Tena. México, 1939.

Rousseau, Juan Jacobo. *El contrato social o principios de derecho político.* 4.ª ed. Estudio preliminar y trad. María José Villaverde. Madrid: Tecnos, 1999.

Secretaría de Gobernación. *Recopilación de leyes y decretos expedidos en el año de 1916 bajo el régimen preconstitucional de la primera jefatura del Ejército Constitucionalista.* México: Secretaría de Educación Pública-Talleres Gráficos de la Nación, 1922.

Serra Rojas, Andrés. *Ciencia política.* 20.ª ed. México: Porrúa, 2018.

Tafoya Hernández, José Guadalupe. "Interpretación de los contratos en el Código Civil para el Distrito Federal". Revista del Instituto de la Judicatura Federal, núm. 8 (2001).

Villoro, Luis. "Hobbes y el modelo de convenio utilitario". *DIÁNOIA. Revista de Filosofía* 39. núm. 39, (1993): 209–225. México: Instituto de Investigaciones Filosóficas-UNAM. Recuperado de https://repositorio.unam.mx/contenidos/4116112

LEYES

Ley de Matrimonio Civil.

La ley puede ser consultada en la obra: Dublan, Manuel y José María Lozano. *Legislación mexicana o colección completa de las disposiciones legislativas, expedidas desde la independencia de la República*. Edición oficial. México: Imprenta del Comercio de Dublan y Chávez, 1877.

Ley Sobre el Registro del Estado Civil en el Imperio.

Puede ser consultada en el *Boletín de las leyes del imperio mexicano: Comprende las leyes, decretos y reglamentos generales, números 1 al 176, expedidos por el emperador Maximiliano desde el 1. ° de julio hasta el 31 de diciembre de 1865*. Primera parte, t. II. México: Imprenta de Andrade y Escalante, 1866.

Ley de Justicia Alternativa del Tribunal Superior de Justicia para el Distrito Federal.

CIRCULARES

Circular del Ministerio de Justicia.

La circular fue tomada de la obra: Dublan, Manuel y José María Lozano. *Legislación Mexicana o colección completa de las disposiciones legislativas, expedidas desde la independencia de la República*. Edición oficial. México: Imprenta del Comercio de Dublan y Chávez, 1877.